鹿砦社 LIBRARY 012

イケメンホストを読み解く 6つのキーワード

関 修 編著

鹿砦社

イケメンホストを読み解く6つのキーワード・目次

はじめに

この本はホストクラブの遊び方マニュアルではありません。「イケメン」という視点からホストを分析し、ホストをめぐる言説がカルチャーとして成立するかを考察するものです。

というのも、筆者は一貫して「美」に関心があるからです。1994年に明治大学の社会心理学の授業でSMAPを取り上げて以来、「美男論」と呼ばれる講義を現在まで続け、96年には『美男論序説』を上梓。最近も嵐、SMAPに関する著書を公刊しています。また、韓国ドラマ『美男ですね』（2009年）のタイトルが「イケメンですね」と読まれたことで、「美男」＝「イケメン」という図式は常識となったようです。

さて、ホストに関しては、手元に見いだせる一番古い資料が1999年5月発売の「シーズムック」シリーズ中の『ホスト大好き！　真夜中の王子様たちのすべて。』というわけで、もう20年近く、美男としてのホストについて関心を持ち続けて来ました。

ホストのブームは去ったなどという声をよく聞きますが、それは本当でしょうか。テレビでホストが取り上げられることが少なくなったに過ぎないのではないでしょうか。SNSが発達した現在、メディアとしてのテレビそのものへの依存率が減っています。つまり、ホストについて情報を得るのにこれまで主流だったメディアに頼る必要がないのです。ネットトテレビでホストチャンネルが存在したり、インスタグラムなどを活用し、まさに「インフルエンサー」として名の知れるホストの数は多いのです。

そのような多種多様なメディア環境の中で筆者が注目するのは何とも古典的な「雑誌」です。実は現在、「ホスト（系）雑誌」と呼ぶことができる月刊誌が4誌も存在します。『メンズナックル』、『ホストマガジン』、『ワイプラス』、そして『スワン』です。「系」とつけたのは『メンズナックル』はファッション誌を標榜しているからです。しかし、その内実は、登場するモデルは基本ホスト、さらに後半にはホストクラブの広告が掲載されており、『ワイプラス』、『スワン』と形態が変わらないからです。

では、あえて何故「雑誌」なのか。SNSは実に多くのチャンネルを有していますが、いわばピンポイント。ある特定のホストあるいはホストクラブの情報を得るには実に便利です。しかし、それは「木を見て森を見ず」。ホストって何だろう、どのようなタイプのホストがいるのだろう、といった問いには答えてくれないでしょう。さらに、ホストをめぐる言説が私たちの日常生活とどのように関わりあっているのかを知るには「雑誌」というメディアが極めて有効です。また、ホスト雑誌は「イケメンホスト図鑑」として全国のイケメンホストたちの写真を楽しむことができるのです。そして実は、ホスト雑誌を眺めるだけでも「比較対照」という文化一般を考察する際の視点が発動されているのです。あとはそれを方法として意識的に用いて、様々な現象を読み解いていけばよいのです。

そこで、本書はまず、「イケメンホスト」を読み解くための基礎知識として、第1部でホストの歴史の概略と資料体としてのホスト雑誌4誌の比較考察を行ないます。そして、第2部では「イケメンホスト」を読み解くキーワードとして、「ネオホス」、「バトラー」、「モノクローマー」、「イケメン女子」、「整形男子」、「歌舞伎町ブックセンター」の六つを挙げ、解説することで、現在の「ホスト」をめぐる言説の状況が把握されることでしょう。

また、筆者の見解を相対化させるためにも、現在のホスト界を代表するホスト6名の方々にインタヴューを試みました。語り口などは筆者の方で統一させていただきましたが、内容はそれぞれのホストの方のポリシーを正確に伝えていると自負しています。これらもまた、「イケメンホスト」を読み解くうえで重要なヒントとなること請け合いです。

なお、雑誌名、ホストクラブ名など表記にアルファベットを用いるケースが多いのですが、英語の教科書のようになっても仕方ありませんので、できる限りカタカナ表記にして日本語の本としての「美しさ」を維持するよう心がけました。

文化とはその時代を生きる人々が、それを享受つまり楽しみつつ、自らまたその主体として成長していくものではないでしょうか。実際ホストクラブに行くかどうかは各自が決めればよいことです。しかし、様々なメディアが発達した現在、「ホスト」という記号に出会う場面はホストクラブに出かけずとも多々あるのではないでしょうか。

その中でも「イケメンホスト」は私たちの日常を有意義で豊かなものにしてくれると筆者は考えます。この小さな本は「ホスト」が文化の担い手として成立することを証明しようという試みです。

本書が成立するには、多くの方のご協力を得ました。ここに御礼申し上げます。中でも、ホストをカルチャーとして捉えるなら、誰よりもお話を伺うべきであると筆者が考えた手塚マキさんを紹介して下さったフリーライターの岡野孝次さん。

そして、手塚さんはお目にかかると全面的に協力して下さるとのことで、トップホストの皆さんへのご紹介の労も引き受けて下さいました。貴重なお話を伺えた上に、グループの違うホストの方たちにご承諾いただけたのもひとえに手塚さんのおかげだと感謝する次第です。また、「歌舞伎町ブックセンター」の園田真弓さんには多忙な手塚さんとのコンタクトスケジュール調整をしていただきありがとうございました。

また、多忙な中、インタヴューの時間を取っていただいた、葵未来さん、櫻遊志さん、MUSASHIさん、社美緒さん、獅龍仁さんにはトップホストとは何者かについて、深く考えさせられました。感謝と共に、皆さんの魅力の一端がご紹介できれば幸いです。

では、早速、そのワンダーランドへと足を踏み入れることにしましょう。

第1部　イケメンホストを読み解く基礎知識

1.「記号」としてのホスト——ホストの定義と歴史——

本書はホストクラブの楽しみ方、あるいはその実態のルポルタージュといった風俗本でもなければ、ホストへの意識調査やアンケート、ホストクラブという組織に関する社会調査による統計学的分析といったホストの社会学を目指すものでもありません。

メディア、とりわけある種の雑誌に現われる「ホスト」について論じるものです。それは、当然のようにホストとして現われることもあれば、ホストと名乗ることなく「読モ（読者モデル）」として登場することもあります。もちろん、その場合、雑誌に詳細に目を通していけば、職業にホストと書いてあったり、所属する店の名前がモデルの名（源氏名）の後に記載してあったりします。しかし、タレントやモデルも芸名で活動し、所属事務所が記載されていてもおかしくはないでしょう。つまり、パッと見、ホストであると気づかない場合も多いということです。

しかし、風俗本にせよ、社会学的考察にせよ、まずはホスト、ホストクラブありきです。

その定義とは、「ホストクラブとは男性従業員が女性を接待する社交飲食店。その男性従業員のことをホストと言う」、とでも要約されるでしょうか。そして、「ホストクラブ」という名称は和製英語であり、「客を接待する男性の主人」を意味する「ホスト（ｈｏｓｔ）」と社交団体と意味する「クラブ（ｃｌｕｂ）」との造語である、と。

ここで、注目していただきたいのがホストとは「客を接待する男性の主人」という定義の「主人」という部分です。実はフランス語でホストは「オト（ｈôｔｅ）」といい、「主人」と同時に「客」のことも「オト」というのです。そう、「主人」なのか「客」なのかは文脈で判断するしかありません。つまり、「オト」＝「ホスト」とはあくまで「接待する」という状況を指しているのであり、その主体か客体（対象）かは二次的なものに過ぎないということです。この状況こそ、「ホスピタリティ」であり、フランスの現代思想家ジャック・デリダらの言う「歓待」という思想に通じるものです。つまり、主人であるはずのホストが、客を無条件に受け入れる（歓待する）ことで、客のいうがまま、つまり客が主人になってしまうのです。

さらに、「ホスト」という言葉から、「ホステス」という「客を接待する女性」を意味する言葉が連想され、「クラブ」からは銀座の高級「クラブ」や「キャバクラ」の「クラ」が連想されるでしょう。つまり、「水商売」ということです。ちなみに、「キャバクラ」も、フランス語に由来する「キャバレ（cabaret）」と英語由来の「クラブ」との和製外来語で、キャバレのような明朗な時間制料金で、クラブの高級感をあわせ持つことを意図しているといいます。そして、高級クラブの客を接待する女性従業員は「ホステス」と呼ばれ、キャバクラはより安価に楽しめるもので、そこで客を接待する女性従業員は「キャバ嬢」と呼ばれています。ここから類推するに、ホストは高級なクラブで働いている女性を接待する男性従業員であり、実際、より気軽に楽しめる「メンキャバ」と呼ばれるシステムの店も存在します。しかし、一時期、差異化を図ってその名が紙面に踊っていた「メンキャバ」なる呼び方は影を潜めてしまいました。というのも、「メンキャバ」で働いている客の接待をする男性従業員を「キャバ男」と呼ばず、ことごとく「ホスト」と呼んでいるからです。そして、それは何故なのかを分析するのが社会学であり、その実態をレポートするのが風俗本（民俗学）と言えましょう。

しかし、その場合、「ホスト」という言葉は「記号」としてすでに一人歩きしている、と筆者は考えます。例えば、２０１２年、『佐川男子』というタイトルの写真集が出版され、話題になりました。「佐川男子」というのは、宅急便の大手の一つ佐川急便で働くドライバーのことで、その中でも「イケメン」をピックアップして写真集にしたものです。ユニフォーム姿が魅力なのでしょう。この場合、「佐川男子」は佐川急便で働く男子従業員一般を指すのではなく、仕事ができ、かつイケメンという「イメージ」を表象しています。つまり、「佐川男子」は「記号」として作用しているのです。実際、その後、「〜男子」という物言いが一般化し、様々な写真集などが発売されています。

こうした傾向は、スポーツ界では日常茶飯事と言えます。その種目の実力者であるだけではダメなのです。少なくとも、付加価値がつけば、その競技自体の認知度や人気があがり、全体の底上げになります。そこで、代表チームを「〜ジャパン」と命名し、代表選手を「〜王子」などというネーミングで呼ぶようになったり、様々な書籍が発売されたりしています。例えば、水球はロンドンオリンピックに出場しましたが、代表チームを「ポセイドンジャパン」と命名し、『ポセイドンジャパン応援ブック』が出版されています。さらに、代表選手で、２０１４年にはフジテレビ系「テラスハウス」のレギュラーメンバーと出演した保田賢也選手は個人の写真集『AQUA』も発売しています。

しかし、この手の記号化は、「ホスト」に関して、すでに世紀の変わる2000年前後には生じていたと筆者は考えます。そこで、まず、簡単にホストクラブの歴史の概略を押さえておきましょう。ホストクラブの誕生は、1965年、東京駅八重洲口前にオープンした「ナイト東京」と言われています。前身は「京の花」というグランドキャバレー。前年に東京オリンピックが開催されたあとの不景気で、経営に行き詰まり、大量のダンス講師を雇い、その広大なフロアを生かした女性のためのダンスホールとして生まれ変わったのでした。ダンスホールには休息のためのソファーが置かれたサロンスペースがあり、講師にチップを払うことで一緒にお酒を飲むことが出来ました。東京駅の前という立地の良さもあり、財界人の妻、旅館の女将など地方の名士の御婦人方からの人気を得たそうです。ただし、当時はあくまでダンス講師として、時給などの保証給はなく、指名料、チップ、ヘルプからのバックだけが収入源で、ホストとして生計を立てられていた者はごく少数に限られていたとのこと。そして、まだホストクラブが都内に5軒ほどしかなかった1967年、歌舞伎町の風林会館地下に「ローヤル」がオープン。翌、

1968年、同店でホストのキャリアをスタートさせた愛田武氏が「ナイト東京」勤務を経て、1971年、ホストを始めて3年ほどで歌舞伎町に「クラブ愛」を開店。ホストを職業として確立させ、今日のホストクラブの礎《いしずえ》を築き、歌舞伎町は現在もホストクラブのメッカとなっています。こうして、70年代から90年代にかけてのホストクラブの歴史は、ほとんど「愛本店」を運営する愛田観光の歴史といっても過言ではないと言われているのです。

1990年代半ばになると、ホストクラブ出身のタレントやホストクラブを題材にした漫画やメディアの普及に伴い、中年女性向けのいかがわしい店というイメージから若い女性も楽しめるという印象が強くなっていきました。その代表的立役者が「元祖カリスマホスト」としてメディアを賑わせた零士氏であり、頼朝氏でしょう。零士氏は1986年、「クラブ愛」本店に入店、半年後、系列の「ニュー愛」に移籍。「ニュー愛」で12年間、ナンバーワンを獲得。1999年に独立して、歌舞伎町に「Dios」を開店。一方、頼朝氏は、1995年、借金返済のため、サラリーマンとの二足の草鞋を履く形でホストになったそうです。その後、歌舞伎町の老舗「TOP DANDY」のナンバーワンとしてメディアでも活躍。シャンパンタワー、シャンパンコールなどの華麗なホストのイメージを定着させたと言われています。お二人ともホストの先にあったのは「実業家」という肩書で、メディアもカリスマホストから実業家へというイメージを増幅させていきました。それに対して、ホストがあくまでも「タレント」化するという二人とは異なった道を歩んだのが、2000年代前半に活躍した城咲仁氏です。彼もまた、「クラブ愛」本店のナンバーワンとして長らく活躍した後、芸能界に転身。現在は、フードコーディネーター、俳優、タレントとして芸能界でマルチに活躍されています。

こうした状況下の2000年頃、『ボーイズ・ジゴロ』という名の写真集が出版されています。筆者の手元にある当時の資料では、第3弾まで出版され、第4弾の予告があるが実際出たかは定かではありません。筆者も何冊か買った記憶がありますが、残念ながらしまい込んでしまい、探し出せませんでした。頼朝氏ら当時の有名ホストが被写体となっています（今回、インタヴューさせていただいた手塚マキさんも登場しています）。筆者が当時買って今回見つけ出せたのは、ムックの類です。当時、『別冊宝島』を代表とするA5判のペーパーバックが、「若者のための新書」、「知識マガジン」としてタイムリーな話題を取り上げ、「活字ムック」と呼ばれる新たな出版市場を開拓。さらに、サブカルチャーものなど、より柔らかい内容のムックが他社から同じ判型で多く出版されたのです。

今回見つけ出せたのは、筆者がリアルタイムで買ったホストに関するおそらく最も古い資料で、1999年5月発売の「シーズムック」シリーズ中の『ホスト大好き！　真夜中の王子様たちのすべて。』。冒頭のグラビアは零士氏。さらに、翌2000年に出版された「メジャー・チューン・プレス・ムック」の『ボーイズ・ジゴロ探偵団 ホストかっこいい！』（4月）と『ホストかっこいい!秋2000 イケテル星の王子様』（9月）の計3冊。後者の2冊は、本のタイトルからもわかるように、写真集『ボーイズ・ジゴロ』と同じ出版社のものです。3冊とも、ホスト名鑑のようなもので、順に七百名、千名、八百名のホストの写真と店名、簡単なプロフィールが掲載されています。ちなみに、広告を見て行くと「バンド・ピアノ生演奏のお店です」といったキャッチフレーズのある創成期のスタイルを継承した店がまだ存在していたことがわかります。

実は当時、筆者は『ホスト大好き！』に掲載されている某ホスト氏とお目にかかっていました。『美男論序説』上梓から数年がたち、次なる「美男」の可能性を探っていた時期です。

メディアへの露出が増えてきた「ホスト」について何か書くことが出来るだろうか。たまたま懇意にしている学生がホストのバイトをしていたので、誰か話を聞かせていただけるそれにふさわしい方を紹介して欲しいと尋ねたところ、業界でも有名な方を知っているというではありませんか。早速頼んでくれ、話を聞かせて下さるとのことで、池袋でお目にかかった次第です。ちょうど、実家の家業を継ぐので、ホストを辞めて地元に戻るところ（確か、岐阜ではなかったかと記憶しています）ということでした。『ホスト大好き！』では、六本木のホストクラブにお勤めで、扱いも大きく、後ろの広告の頁では「専務」として紹介されている方だったので驚いたのを思い出します。結論から言えば、まだ「水商売」の域を脱していないので取り上げても無駄だろうと意見されました。つまり、客はほとんど水商売の女性で、しかもホストは稼いだ金のほとんどを再びキャバクラなどで落としていくので、業界内で金が循環しているに過ぎないと指摘されたのです。

確かに、当時、「ホスト」がメディアに登場しだしたのは、日陰者からの脱出という感じが強かったと思われます。その分、「ジゴロ」というネーミングからも窺えるように、ダーティーなキワモノ的イメージは付きもので、零士氏にせよ、頼朝氏にせよ、成り上がり者的サクセスストーリーで際立っていたのです。つまり、その当時の「ホスト」という「記号」には「インモラル」なイメージが良くも悪くも重要な構成要素だったと言えます。つまり、インモラルなものとして社会が抑圧する、表に出さないようにしているものをあえて表面化＝メディア化させるという戦術です。断っておきますが、ホストの「実態」の話をしているわけではありません。現在の記号としての「ホスト」には、インモラルという意味やイメージは「無用」なものと筆者は考えます。もちろん、ホストの「実態」には今もインモラルなものがあるのは変わらないでしょう。この点で、職業的には地味な存在だった宅急便ドライバーに「〜男子」とつけてメディアの表舞台に登場させるのとは事情が異なっています。もちろん、佐川男子にもインモラルな者はいるでしょう。しかし、それはあくまで個人の問題であって、佐川男子という職業にではありません。しかし、ホストという職業そのものにはインモラルなものが付随しています。それを「記号」としてどう扱うかが問題であり、この時期、それはインモラルなものを積極的、あるいは少なくとも肯定的に用いていたと考えられます。それは例えば、店の広告に「ジャニ系の若手を中心に本格派のホストも在籍しています」、「タレントの卵・ＡＶ男優多数在籍！」と矛盾するイメージが平然と並列して置かれていることからも明らかでしょう。タレントとAV男優が一緒くたにされてよいのかと思うのですが、当時の「ホスト」はそれで問題がなかったということです。

それでも、それまで世間が見ないようにしていたホストをメディアの表舞台に登場させ、「ホスト」が記号として機能し始めたことは評価されてよいと思います。ただし、それは筆者の説く「美男論」とは関係ない別の論点からの話です。筆者はあくまで、時代に感じる「美男」＝「イケメン」の希求とは何かを問い続けて現在に至っています。そうしたパースペクティヴからすれば、あのホスト氏が言われたように、世紀の変わり目の「ホスト」についてリアルタイムに論じたとすれば、筆者にとって、少なくとも「時期尚早」であったであろうと言わざるを得ないでしょう。

しかし、先ほどの城咲仁氏のタレント化の例ではありませんが、「ホスト」はその記号が織りなす新しい文化的フェイズを創出するに至ります。つまり、「記号（シニフィアン）」はその「実態＝実体（シニフィエ）」から独立し、自由に連鎖し始めるのです。その転機となるのが2004年、ファッション月刊誌『MEN'S KNUCKLE（メンズナックル）』

の創刊にあると筆者は考えます。ファッションモデル全員をホストから起用するという大胆な発想の業界初の試みでした。こうして、ホストを紹介するための雑誌ではなく、あくまでファッション誌でありながら、そこに「ホスト」という記号が絡んでくるという複雑化。ポジティヴに捉えれば、文化的洗練を見て取ることが出来るようになって来ます。そして、２０１１年、月刊『ホストマガジン』が創刊され、現在に至っています。こちらは、ホストクラブの紹介、バースデーなどのイヴェント、各店舗の売り上げナンバーワンホスト特集など、オーソドックスなホスト本です。しかし、現在公刊されている「ホスト」雑誌は、既述の『メンズナックル』、『ホストマガジン』に加えて、『Y＋（ワイプラス）』、『SWAN（スワン）』の4誌ですが、後者2誌は「ホスト」雑誌でありながら、内容は『メンズナックル』に類似しており、ファッションを中心に「ホスト」がライフスタイルを表す記号の一つとして作用していることが見て取れるでしょう。

それに伴う社会現象として、『メンズナックル』創刊と同じ２００４年、新宿駅東口（新宿大ガードからの線路際・部分塀）に置かれたホストクラブの看板が問題となりました。ホストの写真を大写しにした巨大看板がいくつも並べられ、風紀を乱すとの苦情が寄せられたため、撤去されるに至ったのです。これはネガティブな例ですが、その一面、一般の人目につくところに「ホスト」が現出する、つまり、もはや隠されたもの、見てはならないもの（忌避＝タブー）ではなく、「ホスト」という記号が例えば若者文化の一部としてポピュラーなものになってきた徴《しるし》とも解釈されるでしょう。

そして、こうした「ホスト」イメージの変化に、ホストたちも敏感に反応し、翌2005年には歌舞伎町のカリスマホスト4名（頼朝、手塚真輝〈現、マキ〉、渚カヲル、天草湘太郎）の声がけで、全国初のホストたちによるボランティア団体『夜鳥の界』が結成されました。『夜鳥の界』は新宿歌舞伎町界隈での清掃活動や路上喫煙撲滅運動などの活動を定期的に行なっています。また、歌舞伎町でホストクラブに絡んだ事件が頻発した2006年、警察と商店街組合、愛田観光の愛田武社長をはじめとしたホストクラブ経営者たちが集まり、歌舞伎町の今後について話し合いの場がもたれました。会談を何度も重ねた結果、「地域と共生し、法律を守ってクリーンな営業をすることで、ホストクラブも歌舞伎町の財産になる」という意見で和解し、協力してホスト業界から違法行為をなくして行こうという結論に至りました（警察も正しい営業をしているホストクラブは残そうという方針）。話し合いの後、「（ホストの地位向上といった）自分本位の考えではなく、同じ歌舞伎町の住人として地域や街に貢献して行く」という目的のもと、ホストクラブ数店が集まり、2007年2月、『歌舞伎町ホストクラブ協力会』が発足しました。ホスト協力会加盟店は新宿警察署指導の下、東京都の条例に基づいて営業を行なっています。また、警察の生活安全課主催の歌舞伎町のゴミ拾いや清掃活動への参加、歌舞伎町の商店街組合と合同で、不正キャッチやぼったくり防止のパトロールなど定期的に地域と協力した活動を行なっています。

このように、「ホスト」という「記号」の変化がホストという「実体」の行動や在り方をも変えて行く。もちろん、それは「卵が先か鶏が先か」といった循環論となるでしょう。しかし、俳優、芸能人、タレントといった人々の文化的行為を享受する私たちはその度ごとに、彼／彼女らの「実態」を問い正す必要があるでしょうか。もちろん、ゴシップねたに興味をそそられ、ワイドショーは好んでそれを取り上げ、喧伝します。しかし、それもすぐに、次のより刺激的な話題に取って代わられ、最後まで追求されることは稀。つまり、それら彼／彼女らの「正体」もまた、消費される「モノ」に過ぎないのです。

「ホスト」という記号は確実に進化＝深化しています。例えば、『メンズナックル』に登場するファッションブランドの多くが渋谷109に店舗を持つこともあり、当初、「渋谷系」といわれていたそのスタイルは現在「新宿系」と呼ばれています。一般の学生や若者と変わらぬ風貌の「ネオホス」に対し、大人の本格派接客業を目指す「バトラー」といった従来のホストからの双極方向への分化。ヴィジュアル系ホスト（ファッションから「モノクローマー」と分類される）が一見しては、男か女かわからないところから、「イケメン女子」と呼ばれる男装女子モデルが『メンズナックル』にモデルとして「ホスト」たちと一緒に登場するといったセクシュアリティの壊乱。

筆者が「ホスト文化」と言うとき、それはホスト（クラブ）独自の文化のことを言っているのではありません。「ホスト」という記号が私たちの日常実践（文化的行為）の中に溶け込み、かつ、固有の場を持ち得ている状況を示しています。本書は「ホスト」という記号がいかに私たちの日常に影響を及ぼしているかを解読する作業と言えます。その時「鍵」となるのが、「美男」＝「イケメン」というタームに他なりません。では次に、記号化を加速させた『メンズナックル』をはじめとする資料体としての「ホスト雑誌」について見て参りましょう。そこにはホストの「現在」が刻印されていると思われるのですから。

2.「資料体」としてのホスト雑誌――ホストの現在――

「イケメンホスト」について知ろうと思うなら、まずは「ホスト雑誌」に目を通すことをお勧めします。もちろん、ＳＮＳが発達したこのご時世、ほとんどのホストがツイッターにフェイスブックを駆使し、さらに「インスタグラマー」を誇るホストもいることでしょう。しかし、これらのツールはある特定のホストに関する情報、あるいはある特定のグループのホストたちのツイッター繋がりなどを知ることが出来るに過ぎません。また、「ホスホス」のようなサイトも結局のところ、ホストクラブとホストの情報を検索するのに便利なのですが、それらを包括する視点などを与えてくれる訳ではありません。これらはいわば、お目当てのホストなり、行きたい店がある程度絞られている場合には大変役立つことでしょう。

しかし、ホストってどのような人たちなのだろう、「～系」と分類されているけれどどのようなホストたちが具体的に各ジャンルにいるのだろう、と思ったとき、雑誌を開けばそこにはいろいろな店に所属するホストたちが登場します。しかも、多くの場合、「読モ」

即ち読者モデルとして紙面に載っているのです。つまり、ホスト雑誌は「イケメンホスト図鑑」のようなものなのです。また、それぞれの雑誌、さらにその雑誌の各コーナーにはコンセプトがあります。イケメンホストを並べ立てているわけではありません。数多く存在する「イケメンホスト」の中からピックアップされるには理由があるはずです。そうしたことに配慮しながら「ホスト雑誌」を眺めてみると、その「傾向と対策」のような事柄が見えて来るに違いありません。これこそ、記号としてのホストをカルチャーとして楽しむ術の一つと言えましょう。

さて現在、ホスト系雑誌は4種類発売されています。創刊が古い順に『メンズナックル』（2004年創刊）、『ホストマガジン』（2011年創刊）、『ワイプラス』（2013年創刊）、『スワン』（2016年創刊）です。どれも、月刊誌です。つまり、毎月必ず出版されます。ですので、読み続けていれば、それぞれの雑誌にはコンセプトがあることがわかり、4誌を比較・総合すれば、何がトレンドなのか、どのホストが人気なのか、さらにその栄枯盛衰も読み取ることが出来るでしょう。また、これらの雑誌を分類する指標は二つあると言えます。

まず、あえてホスト「系」と書いたように、この四種類の中で『メンズナックル』はファッション誌、あとの3誌がホスト雑誌と分類できます。ただし、実情は複雑で、『メンズナックル』は登場するモデルがほぼホストです。そして、雑誌の後半はホストクラブの広告とホスト雑誌の構成なのです。また、『ワイプラス』、『スワン』はホスト雑誌と名乗っていますが内容はファッション中心で、結果、実際は「ファッション」という観点から『ホストマガジン』対他の3誌という分類が出来ると言えます。そして、『ホストマガジン』こそ、従来の「ホスト雑誌」を継承するホストクラブ情報誌としての機能を果たしているのです。

もう一つの指標、それは関東か関西かという分類方法です。もう少し限定すれば、歌舞伎町か大阪（ミナミ）かとも言えましょう。この分類に従えば、『メンズナックル』、『ホストマガジン』、『ワイプラス』が東京、『スワン』が大阪と分かれます。ただし、『ホストマガジン』は純粋なホストクラブ情報誌に近いので、拠点は東京であっても全国誌といった趣で、特集として「大阪ホスト、岡山ホスト」（2017年11月号）といったように他の大都市への目配りは忘れていません。また、「大阪をさらに盛り上げる」をモットーとした『ホスキン』が2016年11月号より月刊誌として登場しましたが5号で休刊となり、現在はＳＮＳだけになっています。つまり、大阪からの発信は決して少なくありません。また、『ワイプラス』はもともと、『ユカイプラス　関西』の別冊全国版月刊誌として刊行され、『ユカイプラス　関西』が２０１５年８月号（第80巻）をもって休刊するまでは並行して出版され、現在は『ワイプラス』だけが残った、あるいは『ワイプラス』に吸収されたといってよいかと思います。実際、大阪の主要なグループが後ろ表紙裏に常に広告を載せるなど、「新宿系」を謳いながら、大阪色は払拭されたわけでは決してありません。

こうした東京に対する大阪の対抗意識にはもちろん、まず文化的背景が存在するでしょう。「大阪から日本を変える」大阪維新の会ではありませんが、前述の『ユカイプラス　関西』の休刊前最終号の表紙には「日常に少しの革命を！　関西からホストを変える」と銘打たれています。さらに、ホスト業界の歴史において、現在の「ネオホス」登場の先鞭をつけたのが関西だったという説があります。それは「クラブアクア」という大阪発のホストクラブが歌舞伎町に進出のあと、両店からの選抜メンバーで「ＡｃＱｕＡ　ＥＰ」というグループを結成。２００６年にＣＤデヴューし、楽曲提供に清春さん、故飯島愛さんが加わるなど話題性もあり、ここにホストの「アイドル化」が始まったというものです（ちなみに、「クラブアクア」は現在も大阪に存在します）。実際、時を同じくして、2006年の10月には『メンズナックル』が月刊化されています。当時、歌舞伎町では「愛本店」や「ロマンス」など正統派のホストクラブがその「顔」だったと言えましょう。そこに、『メンズナックル』創刊と共に、若者のファッションリーダー的ホストの存在が台頭し、その象徴が「クラブアクア」の一連のメディア進出だったと考えられます。そして、現在の「イケメンホスト」の総称とも言うべき「ネオホス」には「アイドル化」という重要な側面があるのは事実です。こうして、現在の「ネオホス」ブームは大阪発であるという言説が流布したのも故無きことではないと言えるのです。

では、具体的に現在発売されている4誌をそれぞれ分析してみましょう。さらに「補遺」として現在休刊している雑誌についても言及したいと思います。

『メンズナックル』
（太陽図書　毎月24日発売　680円）

２００４年４月に『メンズエッグ』の増刊として発売された『メンズナックル』は２００６年10月より月刊化され、『メンズエッグ』が２０１３年11月号をもって休刊の後もその後継者として現在に至るファッション誌です。『メンズエッグ』はチーマー、ギャル男といった渋谷を拠点とする若者文化のファッションをリードする雑誌でした。そこで、『メンズナックル』もまた、渋谷を、正確に言えば、渋谷１０９メンズ館に出店しているブランドの服を中心としたファッションスタイルを紹介する雑誌と言えます。ただし、この雑誌は創刊当初から、モデルにホストを採用していたのです。これはファッション誌全体が専門職のファッションモデルよりも、いわゆる「読モ」、読者モデルを重用する傾向に一致しています。愛好家で常にある特定のジャンル、ブランドを身に着けている人の方が、そのファッション傾向について精通している、という考えが背景にあると言えます。「カリスマ店員」というのも、そうした発想から登場したのです。さらに、渋谷に隣接する原宿が「裏原宿」など事ある毎にファッションの拠点として注目され、ストリートファッションをエレガントに高級化した「フーガ」や「バッファローボブス」といった原宿発のブランドが渋谷109に支店を出すことで、渋谷・原宿系のファッションをリードする雑誌として『メンズナックル』が現在に至っているのです。

そして、『メンズナックル』は創刊当時から、モデルにホストを起用しました。それはおそらく、チーマーの「チョイ悪」なイメージとギャル男の「盛り髪」がホストファッションとシンクロしていたからでしょう。しかし、あくまでファッション誌である以上、表紙にホストを連想させるものはありません。雑誌の前についている形容詞句も「香り立つセンスを持つ男達」とあります。後述する『ワイプラス』が「新宿夜男のファッションマガジン」、『スワン』が「成り上がり男のファッションナイトライフを発信!!」と「夜」、「ナイト」という言葉から水商売＝ホストを暗に示唆しているのと対照的です。ここでの矛盾は、確かに『メンズナックル』は全国誌であることもあり、モデルのホストも全国から（実際は東京と大阪、つまり歌舞伎町とミナミ）起用しています。しかし、実際のところ、ホスト業界は歌舞伎町に一極集中化する傾向があり、『ワイプラス』は「ネオホス」を提唱する過程で、そのファッションを「新宿系」と明言し、現在は「新宿系」が『メンズナックル』で紹介されるコーディネイトをも説明するタームとなりつつあります。もちろん、『メンズナックル』が「新宿系」と名乗ることはないでしょう。しかし、内容を見れば、160頁ほどの全体のページ数の3分の1、後半の50頁ほどがホストクラブの広告で占められ、昨今は本文でもグループごとの企画のコーナーが増え、実質はホスト雑誌の様相が色濃くなっています。従って、ファッションとしては渋谷・原宿系の面影を残しつつも、雑誌でモデルを務めるホストの生息地をかんがみれば、「新宿系」が正解というのが実情でしょう。

また、『メンズナックル』は2007年12月から2010年3月まで別冊として、『ホストナックル』を12巻出版しています。これは通常表立って言及しない「ホスト」の部分を前面に押し出す形のヴァリエーションと考えられます。そこで、『ホストナックル』が発売されていた期間をホストが一般的に最も人気があった時期と考える向きもありますが、

ＳＮＳの発達を考えれば、一般的認知はますますこれからが勝負ではないでしょうか。

ところでそれでも、『メンズナックル』独自のコンセプトは何かといえば、それは「黒」の一言に尽きるでしょう。以前は「ブラッカー」という言い方までしていました。実際、２０１８年１月号の表紙、背表紙に書かれたモットーは「そろそろ本気で冬の〝黒支度〟でした。さらにその副題は「黒活アウターを着たおす‼　モテてるヤツはだいたい黒ッ！そんな黒アウターをこなすなら、今季はグラデ効果が効く‼」と「黒」が何度もリフレインされます。そして、雑誌全体の「黒」基調の中で、さらに「モノクローマー」と呼ばれる特別なファションスタイルの一群が区別され、毎号、「オールモスト モノクローム」と名付けられたモノクローマーファッションを紹介する頁が設けられています。これは、『ワイプラス』が「ネオホス」に対し、アダルトな対立項として「バトラー」を配置したのと対照的です。「モノクローマー」はいわゆるヴィジュアル系ファッションの延長線上にあり、そうしたいで立ちで働くことが出来る職業としてホストが存在することがここからわかります。また、２０１５年７月号をもって休刊となったヴィジュアル系ファッション雑誌『メンズスパイダー』を引き継いだ形とも言えましょう。実際、『メンズスパイダー』のモデルはヴィジュアル系バンドメンバー、ホスト、そして「イケメン女子」と呼ばれることになる男装女子でした。その中のホストと「イケメン女子」が「オールモスト　モノクローム」にはモデルとして登場しています。

　このように、『メンズナックル』にはファッションを通して、「イケメン女子」といったサブカル的あるいはセクシュアリティへの問いを喚起するといった「文化的」要素が多々見出されます。その代表が「ストリートスナップ」に登場するそれぞれのコーディネイトにふられるキャプションの「ジャーゴン（意味不明な決まり文句）化」とでも言える現象です。『メンズナックル』と検索すれば、「爆笑注意　キャッチコピー集」など必ずや上位でヒットするはずです。毎号掲載される「ストリートスナップ」が「渋谷」撮影なのがまた『メンズナックル』らしさであり、登場するのがやはりほとんど「ホスト」というのも一貫しています。『スワン』などは「ストリートスナップ」に登場するのはホスト以外の方で、「一般の方々からコーディネイトを学びましょう」と、一目見て「ホスト」とわかるファッションからの離脱を一般の方の着こなしに教えを乞うて実践しようとの謙虚さが見られます。では、具体的にどのようなキャプションなのか、少々例を。執筆時に近い2018年2月号の渋谷編から引用しますと、甘さを感じるシンプルでフワフワの白ニットだからか、「甘いケーキばかり食べてんじゃねえ　つまりオレばかり愛すんじゃねえ」。これはまだ陳腐で強引ながら何とか辻褄があっているように思われるのですが、全身黒ベースに千鳥柄コーデとゴールドをポイント的に組み合わせた方に、「この冬の装い卍だろ？　だが真に卍なのはオレだ」。もう、これは意味不明の域か、と。

しかし、筆者が『メンズナックル』で評価する「文化的」テーマはマイナーな、通常では大っぴらに話題にしようとしない事柄です。まず、前述した「イケメン女子」。「モノクローマー」ならではの男性も女性も性別が不明になること。この方女性ではと思わせるホストが多々いるように、カッコいいと思ったら女性という場合も。そして、双方がモデルとして登場するとき、男性女性関係なく、要は「誰が一番美しいのか」が問われていることに気付かされます。また、この「美」という基準から、『メンズナックル』では「美容整形」に関する話題が堂々と語られているのです。「顔面整形大作戦！」、「整形対談」といったコーナーが登場するのは「ホスト雑誌」ならではの事ではないか、と。「イケメン女子」と「整形男子」は次章で「キーワード」として取り上げたいと思います。

『ホストマガジン』

（三和出版　毎月1日発売　756円）

　2011年に創刊されたこの雑誌はその変わらない一貫した姿勢が他の3誌と対照的です。判型も他の3誌より一回り大きめで紙も厚め。使われる写真も修正加工が効いていて、これぞ「ザ・ホスト」といった感じ。ファッションではなく、あくまでホスト情報誌として「老舗」の味わい。従って、他の3誌のように雑誌の前に形容詞など必要としないのです。では、毎号の特集は何かといえば、時期によって毎年同じになる訳です。例えば、3月号であれば、「億越え続出　年間ナンバーワン大特集」。つまり、各ホストクラブ、一年間の総売り上げナンバーワンホストの紹介。そして、春になれば、ホストクラブの楽しみ方入門。9月には前半期売り上げナンバーワンホストの紹介といったように。また、新しく開店したホストクラブの紹介、～周年を迎えたホストクラブのイベントの告知。定番の企画を毎回繰り返しつつ、その合間に前述の「大阪ホスト、岡山ホスト」といった地方への配慮も事欠きません。つまり、この雑誌はホストクラブに関する情報を与える実用性に特化することで、これからホストクラブに行ってみようという女性には遊び方のマニュアル本として、さらに「ホスト図鑑」として多くのホストの紹介が載せられています。また、求人欄も設けられ、まさにホストになろうという男性には「タウンワーク」的役割も果たしているのです。

そして、「図鑑」としてのホストの紹介の仕方にも毎月変わらないいくつかのコーナーが存在します。まず、その月に誕生日を迎えるホストの紹介コーナー。これは多くの店が「バースデーイベント」を行なうからです。そして、後日、その模様が紹介される頁も存在します。次に「新人ホスト大紹介」コーナー。「未来のスターを〝発見〟する楽しみもある新人男メニュー」。さらに、ホストクラブならではの「昇格・新役職男メニュー」。「スピード出世の傾向が強い昨今のホスト業界ですが、30路を過ぎてから幹部への昇格を果たすホストも、少なくありません。役職が変わったホストたちによって新たな色合いが店にもたらされます。そんな影響の種類も、スピード出世した若いホストと30路を過ぎたホストでは違ってくるのです。そんな昇格後の味わいをじっくり堪能するのも、ホスト遊びの醍醐味です」と引用が長くなりましたが、実に味わい深いキャプションが付けられています。これらのコーナーで紹介されるホストにはすべて顔写真が付されています。ですから、「イケメンホスト図鑑」と言えるのですが、その読み方には上記の「昇格・新役職男メニュー」のようにそれぞれのコーナーならではの流儀・作法があり、遊び慣れた方はその楽しみ方の「型」ともいうべきものを追求されるのであり、他方、ホストクラブなど行かなくても、シンプルに「イケメン図鑑」として、こんなタイプの男の子カッコいい、顔が好き等々と自分の好みのタイプや傾向を知るのに役立てることも出来るのです。また、これはホストの紹介ではないのですが、毎号必ず、ホスト御用達の「ヘアサロンショップリスト」が掲載されています。今回、筆者はインタヴューのため、度々歌舞伎町を訪れたのですが、開店前の時間にお目にかかるのが常で、指定された場所に向かう際、裏道を歩いてみようと路地を少し入ると、次々と人の入っていく場所がありました。そこは結構大きなヘアサロンで、時間的にも満杯で待っているホストの方もいらして壮観でした。闇が迫りつつある中でその店の煌々とした照明が印象的でした。このように、『ホストマガジン』はゴージャスできらびやかな装いながら、実際は徹底した「実用書」、つまり、「即物的」な趣の雑誌なのです。

しかし、他の3誌がファッションを軸に据えていることとの影響なのか、最近、「専属モデルプロジェクト カリ☆ホス」、「読者モデル〔ホストですが〕プロジェクト ファッションチェック」といったコーナーも登場するようになりました。現在のホストを語るのにファッションを抜かすわけにはいかないという配慮からでしょうか。あくまでも多々あるコーナーの一つとして付加されたという感じです。しかし、写真の独特の仕上がりの良さは他誌とは違った被写体の美しさを発見させてくれることも事実です。あくまでも変わらず、しかしその時々のトレンドもスパイスとして活用する一貫してプラグマティックな雑誌と言えましょう。

『ワイプラス』

（創造舎　毎月15日発売　６００円）

すでに述べましたように、『ユカイプラス　関西』の別冊全国版として、２０１３年に創刊された『ワイプラス』は『ユカイプラス』が２０１５年に休刊になって以降も刊行され、いまや、「ホスト系雑誌」４誌をリードする影響力を持つポジションに在るように思われます。そうした自信の表われは雑誌に付された形容詞句が現在は「新宿夜男のファッションマガジン」であるのに対して、２０１７年11月号までは「ホストクラブの新基準」だったことに見て取ることが出来るでしょう。つまり、わざわざ「新基準」と謳《うた》わなくても今はそれが当然である、と。しかも、それはひとえに「ファッション」に特化したことが原因であることがわかります。ホストクラブの新基準となった雑誌は「ファッションマガジン」なのですから。

しかし、ファッションという観点からすれば、すでに『メンズナックル』が存在します。では、何処が違うのでしょう。それは『メンズナックル』があくまで「ファッション誌」であるのに対して、『ワイプラス』は「ホスト雑誌」であることの違いと言えます。つまり、現象的には両誌とも「ホストファッション」が前面に押し出されています。しかし、『メンズナックル』が「ホストを通してファッション」を紹介する雑誌なのに対し、『ワイプラス』は「ホストが自己表現するのに必要なファッション」を紹介する雑誌なのです。つまり、手段と目的が逆、『メンズナックル』はホストが手段であくまでファッションが目的、『ワイプラス』はファッションが手段でホストが目的と言えるのです。この場合、ホストが目的というのはホストが主体ということを意味します。ですから、新たなホスト像としての「ネオホス」という旗印のもと、それらのファッションを総称して「新宿系」と銘打つことが出来、それが定番化しているのではないでしょうか。

では、「ネオホス」の「ネオ」とは何が新しいのでしょう。それは従来のホスト＝水商売＝いかがわしいといったイメージを払拭すること。そのためにも、一目見て「ホスト」とわかるようないで立ちから変えて行こうという訳です。そのためにまず、面接を私服で行ない、さらに私服で接客もするようになったそうです。ここには、貸し出し用のスーツをあつらえる経費の削減といった経済的理由もあったと手塚マキさんに教えていただきました。こうして、ホストをやってみようという男子にとってその敷居は低くなり、ホストのカジュアル化という傾向が「ネオホス」ファッションを通して明らかになってきました。しかし、一方で、既存のホスト像を脱却するには逆の方向性、つまり、大人のより洗練されたホスト、「接客」のプロとしてのホスト像もあり得るでしょう。そこで登場したのが「バトラー」でした。上質の黒のスーツにネクタイといった正装から始まった「バトラー」ファッションはその後、「ヨルビズ」というお洒落ながらよりカジュアルなヴァリエーションを展開させています。いずれにせよ、ここに『ワイプラス』はまず、「ネオホス」対「バトラー」という座標軸を立てたのです。

さらに、「新宿系」も「新基準」の指標の一つとなった現在、「新宿系」に対する「裏宿系」が提唱され、そのファッションが毎号紹介されています。「裏宿」という言葉がファッション業界ではお馴染みの「裏原宿」というタームを連想させることはお気づきでしょう。2018年2月号では「裏宿」は次のように定義されています。「新宿系というカテゴリー。

その中に含まれながらも、カジュアルな新宿系とは対照的な立ち位置にある裏宿系。裏宿モデルとはロックであり、モードであり、ドレッシーでもある。……美しく、どこか儚い色気。そんなエレメントをファッションと生き様で表現し続けている」、と。ここから読み取れるのは、新宿系＝カジュアル＝「ネオホス」であり、これまではそれに対抗する「バトラー」展開だったのですが、さらに、「新宿系」の中で「カジュアル」に対抗する「ロック、モード、ドレッシー」な「裏宿系」を展開させようという流れです。そして、そのいで立ちとして「レザージャケット」、「柄シャツ」、「スカジャン」が挙げられています。「ネオン輝く夜の繁華街で、何よりも輝く必要性」のあるコーディネイト。つまり、「ブラッカー」に近く、『メンズナックル』のファッションとの類似性が見て取れます。

では、『メンズナックル』との違いは何処にあるのか。『メンズナックル』は渋谷109や裏原宿に店を構えるブランドを中心にコーデを提案しています。それに対し、『ワイプラス』は「ホスト」に定番の高級ブランドをベースにしている点です。では、如何にして「新たな《ネオ》」流れを演出するのか。その要点は「ファストファッション」の活用です。一見ミスマッチに思われる高級ブランドとファストファッションの組み合わせはファッション一般のコーデでもよく用いられますが、全身高級ブランドといった一目みて「ホスト」とわかる服装でもなく、かといってファストファションに頼りきりの学生風お洒落コーデでもない、「新宿系」、「裏宿系」独自のコーディネイト。実際、2018年3月号の表紙には「ファストファッションは新宿系の定番」とあり、「ユニクロ、GU」、「H&M」、「ザラ」といった機能性、モード性の高いファストブランドが取り上げられています。

また、「新宿系」が歌舞伎町に留まらず、「ネオホス」としてホスト業界全体の傾向であることを窺わせるコーナーが『ワイプラス』にはあります。それは雑誌中に紙型の大きさを若干小さくし、別冊風にとじ込んでいる「マーベリック」(一匹狼、異端児の意)と題されたコーナーです。そこには「全国に拡散する新宿スタイルマガジン」と記され、内容は本誌が提案するコーデを大阪、名古屋、福岡、千葉といった東京=新宿(歌舞伎町)以外のホストクラブのホストたちがモデルとなって着て登場するという趣向です。こうして、『ワイプラス』は250頁ほどの紙面の半分を広告とグループごとの企画頁に費やすホスト雑誌でありながら、ファッションを前面に立てることで、「ファッションと生き様で表現し続けている」ホストの現在を映し出す「鏡」ともいうべき存在と言えましょう。

『スワン』

（創造舎　毎月27日発売　６００円）

２０１６年８月号が創刊号となった『スワン』は出版社を見れば想像がつくように、『ワイプラス』の増刊号という位置づけでその関西版的存在と言える雑誌です。表紙の雑誌名の前につく形容詞句も現在でこそ「成り上がりのファッションナイトライフを発信!!」とありますが、創刊時は「笑いあり、涙あり！　関西から等身大のメンズを発信！」と記されていました。頁数も１５０頁ほどで『メンズナックル』同様、スリムで軽く持ち歩くには便利です。結果的に、『スワン』は２０１５年８月号をもって休刊となった『ユカイプラス　関西』が名前を変えて復活したものと考えられます。ただし、本誌と別冊の関係は逆転してしまい、『ユカイプラス　関西』の全国版別冊として創刊された『ワイプラス』の別冊という形で『スワン』は登場したのです。

従って、『スワン』は『ワイプラス』と同じくファッション誌の体裁をしていますが、全体の3分の2ほどが広告とグループによる企画頁とより「ホスト雑誌」に近い感じがします。しかも、『ユカイプラス 関西』の頁数および広告の分量と類似しています。ただし、『ユカイプラス 関西』は雑誌的には『ホストマガジン』に近く、店の紹介、バースデーの告知などが掲載されていました。つまり、『スワン』は形式的には『ユカイプラス 関西』を継承しつつ、以前は『ホストマガジン』的「ホスト（クラブ）情報」だった部分を本誌である『ワイプラス』にならい「ファッション情報」に置き換えたと考えることが出来ます。そして、ファッション情報は一般的な「ネオホス」に準拠しつつ、モデル、そして彼らが所属し広告を掲載しているホストクラブが関西圏に限られることで、ローカル色を出しているのです。これもまた、『ユカイプラス 関西』が「職業ホストを憧れに」とか「関西からホストを変える」といったスローガンを表紙に謳っていたのに対し、『スワン』にそのようなスローガンは見いだせず、ファッション特集のテーマが掲げられています。

ただし、その見出しは「空前絶後のライダース祭り」（2017年11月号）、「男らしくワイルドに　モンクレール武装戦線」（2018年2月号）、「成り上がり流戦闘服」（2018

年3月号）と『メンズナックル』に近く、実際、２０１８年3月号では、「カンサイブラックスタイル一流漢達の〝黒の流儀〟」と銘打ってまさしく「ブラッカー」的コーデが紹介されています。これは『ワイプラス』で言えば、「裏宿系」ファッションが『スワン』では軸に据えられていると考えられます。ここにはハイファッションに近づきがちの「歌舞伎町」に対し、人懐っこく庶民的な大阪文化を背景に持つホストたちの「在り方」が垣間見れると言えましょう。そして、それを象徴するコーナーが不定期に掲載される「ストリートスナップ」であると筆者は考え、またこのコーナーこそこの雑誌で読むのを楽しみにしている箇所でもあるのです。２０１７年12月号に掲載された第6回では、ミナミのアメリカ村で撮影が決行され、「街のオシャレボーイから、最新の流行を感じろ」と15名のスナップが掲載されています。その中にホストは皆無。『メンズナックル』のストリートスナップがほぼホストで占められているのと対照的です。そして、問題のキャプションも「シックにまとめて上品に　イッセイミヤケのバッグがポイント！」、「ビッグシルエットの緩さがラフでキュート」など具体的にコーデを評価し、ホストがそこから自身のファッションのヒントを得るよう示唆するなど、実にほほえましく、誰もに身近さを感じさせるものです。このように、『スワン』はファッション一般を語るものの、全編に「関西」ホストを感じさせるユニークな雑誌ということが出来るでしょう。

補遺

以上、現在刊行されているホスト系雑誌、4誌について分析してみました。さらに、現在は休刊中ながら、「ネオホス」以降の動向に関連する雑誌について触れておきたいと思います。『ユカイプラス　関西』については『スワン』の項で言及しましたので、あと2誌だけ挙げさせていただこうと思います。

まず、2015年7月号をもって休刊した『メンズスパイダー』(リイド社)です。これは、ヴィジュアル系ファッションの雑誌で、モデルはヴィジュアル系バンドのメンバーを中心に、ホスト、コスプレ女子などでした。頁数は少ないもののホストクラブの広告も載っています。このファッションは前述しましたように、『メンズナックル』の「モノクローマー」というカテゴリーに継承されています。また、「モノクローマー」のモデルには『メンズスパイダー』でも活躍していたルウトさんのような「イケメン女子」も登場しています。また、興味深いのは複数のバンドメンバーの「すっぴん」と「メイク後（盛り顔）」をマッチングさせるコーナー、「V系アーティスト オン&オフスタイル」というバンドメンバーのプライヴェートコーデとステージ衣装を並列させ比較するコーナーといったメイク以前の素顔、雑誌のファッションとは違う日常の着こなしを公にしているという点です。

次に、２０１６年11月号が創刊号で第５号の翌２０１７年３月号をもって休刊してしまった『ホスキン』（メディアウエスト）です。「クーポンマガジン」を謳い、「ミナミは『夜って楽しい』と教えてくれる場所」と表紙に記すことから窺えるように、ホストクラブだけでなく、関西とりわけ大阪ミナミの飲食関係すべてを巻き込んでの「タウン誌」的「ホスト雑誌」を目指すユニークな試みでした。「女の子ひとりでも安心、楽しめる　始発待ちスポット特集」、宗右衛門町、周防町といったミナミの通りのお薦めの飲食店をホストが紹介するコーナー、こんな雰囲気の店になど「同伴ケース」をそれぞれのホストが教えてくれるコーナーといったタウンガイド、グルメガイド的な要素を前面に出しつつ、さらに掲載店の割引クーポン付きといったところがいかにも大阪らしい倹約ぶり。ホストが生きる「場」をホスト雑誌で取り扱おうというアイディアは興味深いものがあります。しかも、ストリートスナップもあり、「イケメン有名ホストのちょっとHな恋の質問50」といったコーナーなど150頁ほどのスリムな雑誌に盛りだくさんの話題がゴチャッとやや雑然に詰め込まれている誌面はまさにミナミという街そのものではないかと思われるほどです。しかし、クーポンを付けるのは大変。長続きしないと思いました。ホストクラブだけでしたら、『ホストマガジン』でも見かけたことがあります。しかし、一般の飲食店で協賛を見つけるのは手間がかかるうえ、見つかったとしても、毎号同じ店ばかりではマンネリ化して読者の興味を失いかねません。常に新しい店を開拓し、協力を仰ぐのは至難の業ではないでしょうか。しかし、ミナミという街の文化に根ざした「ホスト」という存在を形にしようという試みは評価できると筆者は考えます。そして、それは形こそ異なるものの「歌舞伎町ブックセンター」というメルクマールが出現したことと無縁ではないと言うことが出来るのです。

こうして、「イケメンホスト」を読み解くキーワードがすべて出揃いました。では、いよいよ第2部で6つのキーワードそれぞれを詳しく見て参りましょう。

インタヴュー
葵　未来（Force／LIBERTY代表取締役）

葵未來さんは『ワイプラス』でバトラー、ヨルビズ路線のモデルとして活躍されています。石川県出身の葵さんは大学進学のため大阪に行かれ、バイトでホストを始めるもすぐに頭角を現わされ、ビジネススクールの大学院進学と共に東京へ移られました。現在はホストクラブの経営を機に起業家として活躍の場を広げようとされています。ミナミ、歌舞伎町というホスト業界の2大拠点双方を知る葵さんにその相違を伺いつつ、ご自身

の変遷と今後の展望について語っていただきました。

――大学進学のため大阪に行かれたそうですが、ホストになられた経緯などお話いただけますでしょうか。

葵　小学校一年生からクラブチームでサッカーをしていた自分は大学もサッカーで進学しました。しかし、大学サッカーは年功序列でスポーツの世界は「実力主義」だと思っていた自分にはなじめませんでした。そこでサッカーはやめて、フットサルのサークルを作り、大学生活を送ることにしました。一人暮らしを始めたわけですし、いつまでも親に頼っていてはいけないと思い、自立しようと思ったのです。しかし、当時、サッカー部に反発して銀髪にしていたので、バイト先が見つかりませんでした。そんな時、知り合いからホストを紹介されたのです。働く前は良いイメージがなかったのですが、実際バイトとして働き始めると現役学生も結構いましたし、お客様も若い。そして、みんな生き生きとしていて、和気あいあいとお客様と一緒に楽しんでいい雰囲気だったのです。そこで、大学の1年目がレギュラー、後の3年はバイトとして週1でホストをしていました。

――では、大学院入学を機に東京へ出てこられたのは何故ですか。また、ホストを続けられた理由は。

葵　大阪に出て環境が変わったことで自分が大きく成長することが出来たと思いました。「人が成長する」というのは、「環境が変わること」と「成長させてくれる人に出会えるか」にかかっているのではないでしょうか。そこで、もうワンランク成長したいと思い、東京へ出ようと思ったのです。しかし、そのためには就職ではなく、大学院に進学することで、より知識を身につけ、かつ自由に今後のことも考えて行きたいと思ったのです。このような新しいことに「挑戦」したい、という気持ちは今も変わらず持ち続けています。

東京に来た当初、ホストをするつもりはなかったのです。ただ、歌舞伎町のホストがどのようなものか、見てみたくなった。そこで、名前を隠して、ある店に体験入店してみたのです。すぐにバレてしまいました（笑）。もともと、自分が東京に行く話はあちこちに伝わっていたようで、多くの店からスカウトされることになりました。そこで、大学院の勉強に支障をきたさない自由出勤でよいという条件の店で働いてみようと思ったのです。歌舞伎町で自分がどの程度通用するのか、確かめてみたかったので。

それが現在役職を務める冬月グループが最初に立ち上げた「Ｆａｎｇ（ファング）」という店でした。しかも、自分が入店した4月1日にグループ自体が始まったのです。そして、年間ナンバーワンを取ることが出来ました。バイトで役職のない自分がナンバーワンという異例の事態に、ブランディングとして新しい役職「監督」を拝命した次第です。

それが大学院の2年間でした。そして、大学院修了と同時に店をいったん辞め、資産コンサルティング会社に就職しました。面接で、半年から1年で会社を辞め、起業することを明言しての採用でした。経営者になるのにサラリーマン経験は必須だと思ったからです。そして、半年で会社を辞め、さらに半年準備に費やし、つまり1年後、「プラズマ」という名のホストクラブを開きました。ホストクラブを始めたのは、自分が今まで出会った方たちの中で一緒に仕事したいと思ったのがこの業界の人たちだったからです。しかも、今度は経営者として、自分なりに業界を変えて行けるよう「挑戦」してみたと思っています。

――なるほど。異色の経歴ですね。大阪、東京とホスト業界を歩かれてきて、この両都市に何か違いはありましたでしょうか。

葵　大局的にみて、コミュニケーションの基盤が大阪は「感情」にあるのに対し、東京は「その人の立場や知識」にあると言ってよいかと思います。例えば、「シャンパンコール」というホストクラブにお馴染みのイヴェントがあります。これは、歌舞伎町の伝説のホスト「頼朝」さんが始められたと言われています。しかし、シャンパンコールが盛んで、それぞれの店独自の趣向を凝らした形が発展したのは大阪なのです。店全体が一体になって盛り上がるといった情感に訴えるサーヴィスは、大阪の方が親和性があるからだと思います。

楽しみ方という点では、大阪のお客様は店でどれだけ楽しませてくれるかにお金を払っているように思われます。それに対して、東京ではアフターなど店の外でどれだけ意を尽くしてくれるかに対価を支払うという感覚があるか、と。それは現在、インスタグラムなどSNSを駆使した自己アピールに繋がっているように思われます。外の世界にも積極的に発信することでそのホストの価値が上がる。

そういった意味でも、大阪の業界は良くも悪くも閉鎖的ですね。結束力が固い。そこで、例えば、大阪ではホストが店を移籍することはできません。歌舞伎町は多少のしこりは残るものの移籍することは可能です。つまり、店のオーナー同士が皆、顔見知りで、トラブルにならないよう暗黙のルールがあるという訳です。従って、東京からの参入はなかなか難しい状況です。

一方、大阪だけではなく、名古屋や横浜など、歌舞伎町以外のホストクラブのある都市はどれも歌舞伎町に対抗意識を持っていますね。どの都市もパイに限界がありますので、歌舞伎町への進出を計ろうと躍起になっています。とりわけ、大阪はミナミが以前ほどの活気がないようですので歌舞伎町に展開したいグループは多いと思います。一方、歌舞伎町は歌舞伎町でグループ化が進んでいますので、歌舞伎町以外、日本各地に出店したいという機運が高まっています。その場合、影響力は双方向的というより歌舞伎町に一極集中化された形で求心的―波及的に展開していると言って良いでしょう。

――葵さんは『ワイプラス』でバトラー、ヨルビズ系のモデルとして活躍されていますが、ファッションに関してはどのようにお考えでしょうか。

葵

もともと自分が『ワイプラス』のモデルに決まった時、「ネオホス」にするのか、「バトラー」にするのかで議論がありました。つまり、あくまでファッションの違いだけであって、自分はどちらでも構わないと思っています。それぞれのホストには自分のスタイルがある訳で、それに見合った服装をするだけです。自分はどちらでも行けると思っています。雑誌における「ネオホス」、「バトラー」の意味づけはあくまで後からのもので、新たなホスト像における服装のヴァリエーションという位置づけをしています。

あと、大阪のホスト事情とファッションの関係で言えば、『SWAN』のような大阪発の新たなホスト雑誌のファッションはまさに「ネオホス」のお洒落なカジュアルを前面に押し出していますが、東京では2年前くらいにそのような傾向が主流を占めていたと思います。つまり、歌舞伎町と地方では2年くらいタイムラグがあるのではないでしょうか。しかし、それはファッション一般の流行でも当てはまることだと思います。

――では最後に、葵さんのこれからの「挑戦」についてお聞かせいただけますでしょうか。

葵　というか、自分はホストを経験して学べることは「挑戦する」ことだと思うのです。この業界の方々はよく、ホストの「コミュニケーションスキル」は世の中を渡っていく強力な武器になるとおっしゃいますが自分はそうは思いません。サラリーマンを経験して実感したのですが、性別職業など人は千差万別です。ホストという限られたテリトリーで磨いた能力が万能である訳はありません。それより例えば、ナンバーワンを取ろうと「挑戦した」ことが、後の人生のまったく違った局面できっと生かされると思うのです。それは安定志向のサラリーマンでは経験できないことだ、と。

自分としては育てる側に回った以上、多角的に事業を展開し、自社ビルのワンフロワーを「ホスト事業部」に充てるような企業経営者になるべく「挑戦」して行きたい。自分は本来、表に出るタイプではないと思っていますので、ジャニーズ事務所のジャニー喜多川さんのように、その手腕と存在は知られつつもあくまで裏方に徹したい、と。今はまだ、ブランディングの関係から表に出てはいますけれど。

コメント

『ワイプラス』で拝見する葵さんはスーツや「ビズ」ファッションがお似合いですが、目の前に現われたご本人はシンプルながらモード系といえるファッションでとてもお洒落な雰囲気の方でした。ホスト界きってのインテリらしく、こちらの質問の意に添うよう配慮され、極めて理路整然とお話し下さいました。細身で人当たりもソフト、繊細な方にお見受けしましたが、一方で、「挑戦」をモットーにされているところからも、心の奥底に強い意志が窺われます。その志に裏打ちされた頼もしさが経営者としての輝かしい未来を保証してくれているように思われました。

第2部　イケメンホストを読み解く6つのキーワード

1. ネオホス

「ネオホス」という言葉はその使い方によって、守備範囲が異なってきます。まず、旧来のホストのイメージを変えようという動き、つまり、新しい《ネオ》ホスト像の提示という点では、後続の「バトラー」、「モノクローマー」もまた、「ネオホス」というカテゴリーに含まれることになります。それどころか、「イケメン女子」、「整形男子」は「ネオホス」に関するトピックス、さらに、「歌舞伎町ブックセンター」は「ネオホス」的文化の発信地と言えるでしょう。つまり、この六つのキーワードすべてが「ネオホス」に関する事柄であると言えます。しかし、ファッションとして見たとき、「ネオホス」は「バトラー」や「モノクローマー」とは異なったスタイルの分類として並列的に捉えることが出来るのです。つまり、「ネオホス」という物言いは、新しいホストのイメージを象徴しつつ、その中である特定のファッション傾向を示すものと理解できるのです。ちなみに、「ネオホス」の名称は『ワイプラス』が提唱したもので、第5号にあたる2013年11月号で、「ネオホスト」、続く同年12月号で「ネオホス6箇条」という言葉が表紙を飾っています。

　この際、前提となっているのは「ネオホス」でない・・・それまでの「ホスト」の在り方あるいはファッションです。後続のインタヴューで櫻遊志さんはそれを「ダサい」と言われ、「もっとカッコよくなければ」ならないと当時を振り返っておられます。具体的にそのいで立ちはビジネスマンとは違ったドレススーツ、髪は「筋盛り」と呼ばれる独特の長髪、渋谷にいたギャル男の髪型の系譜ではないかと思われます。つまり、そうした外見は誰からも「ホスト」とすぐにわかり、パターン化していたのではないでしょうか。そして、イメージ的にも「お金だけ搾り取られて捨てられる」といったダーティーな雰囲気が感じられたのです。しかし、おそらくはそうした服装も最初は斬新でカッコよかったのでしょう。しかし、ホストであれば誰もが同じような格好をし出したのでマンネリ化してしまったのです。こうした状況を打破しようと登場したのが「ネオホス」でした。ウォッチャーの立場からすれば、ホストへの偏見をなくし、そのイメージを良いものにしようとの意図が感じられました。また、ホスト業界からすれば、「職業ホストを憧れに」（『ユカイプラス　関西』２０１５年7月号）といったスローガンが雑誌の表紙を飾ることになります。

　つまり、業界としては、普通の男の子がとりあえずはバイトで、または最初から職業としてホストを選択することが常態化するよう改善する必要があります。それには敷居を下げるというか、まずは気軽に現場に来てもらえるようにしなくてはいけません。そこで、例えば、「一日体験入店」といった「お試し期間」の設置、さらに「私服での面接」であったと言うのです。「ネオホス」と言えば一般的には、「ホストの第一のイメージであるスーツを着ないでカジュアルな私服のような服装をすること」、「歌舞伎町以外の表参道や六本木など、お洒落な街も歩けるような服装を出勤するときもすること」といった定義がなされています。つまり、「ネオホス」とはホストファッションの「私服化」とでも言えそうですが、その背景には「私服での面接」がまず登場し、それが勤務スタイルまで波及したのです。それはまた、経営サイドから見ても、貸出するスーツを作る必要がなくなり経費節減になると、手塚マキさんから教えていただきました。

いずれにせよ、画一化した「旧ホス」から「ネオホス」への転換が計られ、その際カッコいい「私服」の着こなしが求められることになったのです。しかし、こうしたことの背景には『メンズナックル』がすでにモデルをホストにしていたこと、さらには、ファッション誌一般が「読モ」中心にスライドして来たことが関係あるかと思われるのです。

ファッションモデルという職業は現在も有名ブランドのコレクションなどで活躍されている方たちがいらっしゃいますが、あくまでも服が主役なので、それが引き立つよう背の高さや体型など制約があります。それに対し「読者モデル」は、自分を表現するファッションの体現者ではないでしょうか。つまり、従来のファッションモデルは服に自分を合わせる、何より服を引き立たせることで自分が評価される存在です。それに対し、「読モ」は自分に合った服装を着こなしている、つまりファッションは自分を引き立たせるためのツールに他ならないのです。そして、通常、服を購入するという消費行動はそれを着ることで、自分を美しく、カッコよく見せたいという動機から生じています。もちろん、服を絵画や彫刻のように芸術作品として収集、鑑賞したいという方もおられることでしょう。それでも茶器のように使ってなんぼ、服は着ることでその良さが実感されるものだと思います。

こうしたファッション界での「読モ」の台頭、またそうした多くの「読モ」がタレントとしても活躍し、テレビでその中の誰か一人も見かけない日はありません。つまり、ホストもまた、タレント化、アイドル化することで従来のホスト像を脱却して行く。櫻さんのおっしゃる「主役は僕ら」、お客様が会いたい、応援したいと店を訪れるよう切磋琢磨するのが「ホスト」というホスト観はその正鵠を射ていると言えましょう。それに対し、「バトラー」はサーヴィスのプロフェッショナルとしてホストの「バトラー」を確立させ、それによって、従来のホストに対する偏見をなくしたいと考える。つまり、どちらも「旧ホス」からの脱却を計ろうとしている点で「ネオ」ホスなのですが、その脱する方向が、ホストを主役と考え主体的にホストの枠を超えて行くのか、それとも「お客様第一の」サーヴィスのプロとして独自のジャンルを確立して行くのかで、対極的な方向に推移していると捉えることが出来ましょう。

では、具体的に「読モ」化、アイドル化の方向に展開する「ネオホス」ファッションとはどのような特徴があるのか。昨今は「新宿系」と称される「ネオホス」ですが、事情は少々複雑です。「ネオホス」というワードは『ワイプラス』によって使われ始めました。しかし、それに先立ち、『メンズナックル』が創刊時より、ホストをモデルに独自のファッションスタイルを展開し現在に至っています。そして、当初、それは「渋谷系」と呼ばれていました。何故なら、『ホストナックル』の前身は『メンズエッグ』、チーマー、ヤマンバなど渋谷に集まる若者のファッション誌だったからです。その象徴が「渋谷109」、カリスマ店員が女性たちの憧れの的になったりしました。そして、『ホストナックル』に登場するブランドも裏原宿（Fugaなど）、そして「渋谷109、メンズ館」（Vanqu.ishなど）、渋谷を中心に展開する会社のもので、現在もそれは同じ。従って、『ホストナックル』には「新宿系」という表現は登場しませんし、また、あえて「渋谷系」と名乗って混乱させることもありません。ただし、後続のインタヴューの櫻遊志さんのように、『メンズナックル』、『ワイプラス』両誌の表紙を飾るホストがいらっしゃる以上、両者はまったく別物という訳ではありません。『メンズナックル』のファッションもまた、広く「ネオホス」ファッションと言って良いでしょう。そして、両誌のモデルがどちらもホストである以上、「新宿系」という呼び方も悪くない。その際、興味深いのは「歌舞伎（町）系」ではなく、「新宿系」であることでしょうか。明らかに「新宿」と言っても「歌舞伎町」をスポット的に連想するのですが、あえて「新宿」と名乗るにはやはり「ネオ」ホスによる既存のホストのイメージを変えたいという意志のようなものを感じます。その場合、『メンズナックル』がそう名乗らないのは服を提供するブランドが従来の渋谷系であり、その

「読モ」には渋谷系ブランドのショップ店員、さらには渋谷、原宿に展開する美容院の美容師（カリスマ美容師の系譜）もまた登場するからです。

こうして、「ネオホス」によるカジュアルな「私服化」の一端は『メンズナックル』に登場する「渋谷109メンズ館」に店を持つブランド群を中心にした服装であるということが出来ます。そのポイントは「黒」です。『メンズナックル』には「黒」という言葉が頻繁に登場します。例えば、2018年1月号の表紙には「冬の〝黒支度〟」、「黒活アウターを着たおす‼」、「モテてるヤツはだいたい黒ッ！　そんな黒アウターをこなすなら、今季はグラデ効果が効く‼」と「黒」が連呼されています。以前、「ブラッカー」という呼び名もありました。筆者はこの言い方を気に入っています。実は筆者も自分の着こなしが黒中心だからです。もちろん、109系ブランドの服も持っています。そして、その代わりではありませんが、『メンズナックル』ではよりヴィジュアル系のファッションを「モノクローマー」として区別し、毎号、「モノクローマー」ファッションの頁を設けています。

では、『ワイプラス』の「新宿系」ネオホスファッションとはどのようなものなのでしょうか。スーツを脱ごうという意味での「カジュアル」、表参道や六本木などで食事やショッ

郵便はがき

6638178

おそれいりますが
62円切手をお貼り
ください。

（受取人）
兵庫県西宮市甲子園八番町二－一
ヨシダビル301号

株式会社
鹿砦社
関西編集室　行

◎読者の皆様へ

ご購読ありがとうございます。誠にお手数ですが裏面の各欄にご記入の上、ご投函ください。
今後の小社出版物のために活用させていただきます。

読者カード

ふりがな お名前	男・女　　　年生れ
ご住所 〒　　　　　　　　☎	
ご職業 (学校名)	所属のサークル・団体名
ご購入図書名	**イケメンホストを読み解く 6つのキーワード**
ご購読の新聞・雑誌名（いくつでも）	本書を何でお知りになりましたか。 イ　店頭で ロ　友人知人の推薦 ハ　広告を見て（　　　　　　　） ニ　書評・紹介記事を見て（　　　） ホ　その他（　　　　　　　　　）
本書をお求めになった地区	書店名

本書についてのご感想、今後出版をご希望のジャンル、
著者、企画などがございましたらお書きください。

ピングをし、そのままの恰好で出勤し、店で働けるという意味での「私服」と理解すれば、お洒落な若者一般のファッションと言っても過言ではありません。ただし、ホストとして人一倍輝くそのようないで立ちである以上、自分を演出するのに相応しいコーディネイトに細心の注意を払っていると言えます。自分を他に埋没させるのではなく、他から浮き立たせるようなファッション。それでいて、普通の男の子から決して逸脱することはない。一見矛盾するような在り方ですが、これこそが「ネオホス」らしさであり、また誰もがそのファッションを参考にすることが出来、またそれを積極的に推奨したくなる要因です。「区別」と「差別」の相違。人とは違っていたいが、差別はされたくない。ホストを「水商売」、我々と関係のない違った者として片付けてしまうのではなく、自分らしさを表現するためのヒントを与えてくれる人々と理解し、誰もが活用すること。そんな時代に入っていると筆者は考えます。

するとホストの側もホストはあくまできっかけで、そこで成功することで、メディアなどにも登場し、タレントになる、クリエーターになるといったことになります。その際、ホストと後の活躍の場が連続性を持っていることが必要かと思います。

さらに、「ネオホス」ファッション独自の様相として、ファストファッションとブランドを一緒に着るコーディネイトを挙げておきたいと思います。この組み合わせそのものは現在の若者ファッション一般の傾向です。ただし、そのブランドはやはり「ネオホス」ならでは。ファストファッションの方は、ZARAが筆頭で、H&M、ユニクロあたりが確かに一般的。しかし、ブランドの方は、バルマン、ルブタン、モンクレールといった価格的にも桁の違った高級ブランドが登場しますし、ヴィトン、クロムハーツなど従来のホスト御用達のブランド、さらには何百万円単位の高級時計など、ホストならではのアイテムが登場するのです。

いずれにせよ、「ネオホス」の登場で、ホストは我々により身近な存在になったと言えるでしょう。ただし、ある種の偏見がなくなったかと言えばそうではありません。逆に、誰でもちょっとカッコよければ、ホストになって安易に高額な給料を手にすることが出来るという誤った「カジュアル」化の印象を与えてしまった側面があることも否めません。そこで、「カジュアルでチャラいホスト」に対して「原点回帰」、「接客」に関して確固たる信念を持つ「大人なホスト」として「バトラー」が登場することになるのです。

インタヴュー　櫻　遊志（SENSE TOKYO社長）

櫻遊志さんはホスト系雑誌の中でもファッション度の高い『メンズナックル』、『ワイプラス』両誌の表紙を数多く飾って来られている現在のホスト界第1のファッショニスタと言える存在です。つまり、「ネオホス」を代表するホストと言えましょう。しかし、それはネオホスの「典型」というよりは、ネオホスの中でも「突出」した存在に思われます。トップホストなのに、いや、トップホストであるからこそ、ホストという「枠」を超

える勢いを持つ「櫻遊志イズム」についてお聞きしたく、お話を伺いました。

――櫻さんは「ネオホス」の象徴的存在とでも言いましょうか、雑誌を見る限り、「ネオホス」と言えば、櫻さんが思い浮かぶのですが、その経緯をお聞かせいただけますか。

櫻　自分としてはネオホスを意識するというより、自分のスタイルを一貫して追求しているのですが、それが「ネオホス」というホスト業界全体の趨勢《すうせい》に合致したというか、評価していただいた結果、広くマスコミにも取り上げていただけるようになってきた次第です。

実は両親ともに医者の家庭に生まれた自分は違う世界が見たくなって、友人とホストのバイトを始めました。でも、例え「遊び」であれ、ホストをやる限り一番になろうという「志」を忘れないということで、「遊志」という名前を名乗ることにしたのです。10年ほど前のことですが、その時、思ったんです。ホストって何故ダサいんだろう、って。高いお金を出してお客様に来ていただくのだから、もっとカッコよくなければ、と。ただ、当初は当時のホスト業界のイケメンの定番「王子キャラ」で勝負しようとしました。ある程度の成果を得たので、「サマンサタバサ」のオーディションを受けたところ、最終の18名に残ることが出来、ファイナリストとして様々なイヴェントに参加する機会を得ました。その時、気づいたのです。ホストの「外」の世界には、自分独自のスタイルを持つ本当にカッコいい男子がたくさんいること、を。

ホストとしてある程度成功し、自分がホストのイメージを変えてやろう、若い男の子が憧れる職業にしてやろうと意気込んでいた自分にとってガツンとやられた気分でした。そこで、ホスト業界的には認められないかもしれないけれど、ファッション好きな自分がカッコいいと思うスタイルを貫こうと意を決したのです。これでダメなら、ホストを辞めてもよいとも思いました。そこで王子をやめて、髪を短く切り、音楽業界でファッショニスタとして有名なＫ‐ＰＯＰのＢｉｇ　Ｂａｎｇのメンバーのような自分に合った個性的なファッションをするようになりました。また、当時在籍していた店は大手グループではなかったので、プロモーションにお金をかけてもらえませんでした。そこで、SNSで発信しようと「今日のコーデ」を毎日アップし、現在はインスタグラムを活用しています。正直大変でしたが、ファッションだけでなく、「櫻遊志」というキャラクターをセルフプロデュースする術を学びました。すると、業界内外からお声がけいただくようになり、ホスト業界でも「ネオホス」への展開が大きな流れとなって、自分が雑誌の表紙を飾らせていただくようになったのです。

――そうでしたか。では、そのような櫻さんの「ネオホス」観というか、「ネオホス」をどのようにお考えでしょうか。

櫻　「ネオホス」というか、自分のホスト観ですが、一回の人生、自分が輝くことで、この人に会いたい、応援したいと思うお客様が集まって来て下さる。そのために、人とは違ったファッションや華美でお洒落な内装の店があったりする。「主役は僕ら」。男が商品、そこに会いに来て下さるお客様を楽しませるのが接客だと思います。そう、アイドルやアーティストと似た存在ではないか、と。ですから、自分の店では男性の来店も歓迎しています。店のプレイヤーたちも同性のお客様と話すのは刺激になると。自分のカッコよさを磨き輝くことを追求してこそ、ホストではないか、と。ですので、「バトラー」スタイルのホストとは対極的な在り方だと思います。

――ファッションの違いにはホスト観の違いがあることがよくわかりました。深いですね。ところで、同じ「ネオホス」でも櫻さんは『メンズナックル』、『ワイプラス』の両誌でご活躍ですが、それぞれへ対応の違いはありますでしょうか。

櫻――『メンズナックル』はあくまでファッション誌ですので、着る服がまず用意されています。そこに時に私物も交えてコーデする。まさに「モデル」です。それに対して、『ワイプラス』はテーマが決まるとそれに合わせて「私服」を持っていく訳です。「ネオホス」への変化はホストファッションの私服化と言われるのと類似しています。自分は何パターンも予想して、毎回スーツケース一杯に服を詰めて撮影に出かけます。ただ、『ワイプラス』は創刊当初、ファッション性を押し出そうとモデルも厳選して、お洒落度も高かった。しかし、紙媒体が売れない時代でもあり、また、あくまでホスト雑誌として一般には認識されていますので、ファッション誌的なクオリティの維持が難しくなりました。そこで、広告のスペースが増え、そうなると必然的に広告主であるホストクラブのホストをモデルに採用せざるを得なくなります。すると、本当にカジュアルな「私服」に近くなってしまう。自分としては、自分が輝き自分らしさを表現するために「私服」があり、それを追求したいので残念に思っています。

――そうでしたか。するとやはり、櫻さんは「ネオホス」の「典型」なのではなく、「突出」した「ネオホス」でいらっしゃるか、と。で、「突出」とは「超出」、既存のホストの枠を超え出てしまうように思われるのですが。

櫻

確かに、インスタグラムなどを見て下さったファッション関係の方から声をかけていただいたりしています。ただ、自分は本当に服が大好きなので、一時的な流行《はや》りのホストブランド商品とかではなく、自分のブランドを設立するなら時間をかけて永続的なものを作り上げていきたいです。そのためにも、ファッションに限らず、アーティスト、パフォーマーとしてトータルした「櫻遊志」というキャラクターにもっともっと磨きをかけていきたい。店にステージを作りショータイムを設けたり、曲も二曲出しています。また、今、身体を鍛えていて「サマースタイルアワード」〔夏が一番似合う男性・女性を決める大会、俳優の金子賢氏がプロデューサーを務める〕に出場します。ホストは酒浸りで不健康というイメージを変えたいのです。また、一般の方々と同じ土俵で競争する良い機会でもありますので。

また、年齢的なもの、自分の置かれた立場という点からも「模索中」というのが現状です。もうすぐ30歳になりますし、店のトップでもありますから、下の子たちを育てることを考えなくてはなりません。自分としては、自分が有名になることで店の子たちにも光が当たるのではないかと思っているのですが、尊敬する先輩からも「店のトップが輝いているホストクラブは、下の子たちが影になってしまいがち」であると言われています。ですので、プロデューサーとして店の子たちを「輝かせる」よう意を払いながら、自分が輝ける「場」を見つけて行かなくてはならないと思っています。すると、それはやはりホスト業界の枠を超えたものになっていかざるを得なくなるか、と。

――では最後に、櫻さんのもとで働かれている素敵なホストさんたちをはじめ、これからの「ネオホス」に期待されることは。

櫻

幅を広げることでしょうか。今の歌舞伎町は、そこに集まるコアなお客様を皆で奪い合っている状況です。ですから、店の子たちにももっと視野を広げて、今まで足を踏み入れなかった一般の方にも来ていただけるようにセルフプロデュースするよう指導しています。そのためにはもちろん、料金体系なども見直していかなければなりません。男女問わず、一般の方も気軽に遊びに来ていただけるようになるためには、いかに「自分が輝いているか」がホスト業界の中でだけではなく、まさに「外」の世界から評価されるよう、自分も含め、日々切磋琢磨して行く必要があるのではないでしょうか。

コメント

「ダンスレッスン帰りの服装で申し訳ありません」と応接室に入って来られた櫻さんは、赤と白のコントラストの映えたお洒落なジャージ姿でした。さすが、ホスト界きってのファッショニスタと感動。育ちの良さを感じさせる言葉遣い。自分を輝かせるため、心身ともに鍛錬を怠らない自分に対する厳しさを感じました。本の目次を提示したところ、名前の挙がっている他のホストの方ともぜひディスカッションしてみたいとおっしゃいました。自らが輝くためには、自分とは異なった意見・考えに耳を傾ける謙虚さが必要であることを知るクレヴァーな方だと感心した次第です。

2．バトラー

バトラー（Ｂｕｔｌｅｒ）とは、イギリスの上流階級の家庭に仕える上級使用人のことで、通常、「執事」と呼ばれています。記憶に残るイメージとしては、２０１１年にフジテレビ系で放映されたドラマ『謎解きはディナーのあとで』で、嵐の櫻井翔さんが演じた、宝生家の執事「影山」を思い出していただければよいでしょう。あの「影山」のいで立ちこそ、イケメンホストの第2のジャンルと言ってよいでしょう。黒のスーツに白いワイシャツにネクタイ。まさに、「正装」です。

「バトラー」がホストファッションとして初めて登場したのは、『ワイプラス』第16号の、２０１４年８月号です。その号のメインテーマは「ネオホス脱黒主義!!」でした。そして、表紙の一番下に「バトラーへの第一歩　男の作法三ヶ条」コーナーの告知があります。筆者はこの記事を読んだとき、「ネオホス」の新しい展開の一つと理解しました。何故なら、メインでは「脱黒主義」を謳っていながら、バトラーはまさに「黒服」だったのですから、バトラーの「黒」はいままでの「黒」とは違う、まさに「ネオ」な「黒」のはずであると。では、脱すべき「黒」とは何か。それはそれまで「ホスト」の「長い髪をスジ盛りにしてホスト独特のデザインスーツを身にまとった」イメージ、そのいで立ちの「黒」だったのです。

一般に、ある固定化されたイメージを払拭するには、反対方向に脱して行く、つまり両極化することが考えられます。例えば、「温泉」というレジャーが古くマンネリ化したものに感じられ、それを打開するのに、一方で価格破壊的なプライスダウンが行われました。一泊二食で一万円以下、といった。他方、部屋露天、離れのようなプライヴェート感満載の高級温泉宿が登場しました。旅行なら、一万円を切るバスツアーがお得感満載の様々な趣向を凝らして盛況を得ています（はとバスに、９８００円でホテルのバイキングディナー付きのホストクラブ体験「今宵の貴女はシンデレラツアー」あり）。一方で、グリーン車やビジネスクラスの旅といったものが熟年層を中心に好評を得ています。

つまり、「ネオ」にするには一方でカジュアル化して、普通の若者と同じ、いや、普通の若者が「お洒落」、「ファッショニスタ」と羨み、着こなしのお手本にするようなホスト像を展開して行けばよいことは誰もがすぐ思いつくでしょう。垣根を低くするのです。しかし、それは一方で「安かろう悪かろう」といった傾向を招きがちです（例えば、低コストの下請けバス会社の過剰労働による悲惨なバス事故）。また、人は贅沢に出来ているもので、時にはちょっといつもより奮発したくなったりするものです（便利でリーズナブルなコンビニ各社でのスイーツ開発競争など）。多くの場合、まず敷居を低くする。すると、誰もが手が出るようになる。すると、今度は人より優越感を持ちたくなる。そこで、ワンランク上のものを欲するようになる、といったプロセスをたどるのです。

「ネオホス」もまず、カジュアルな方向に舵を切りました。そして、ある程度成功を収めた暁に、今度は高級化に目を向けたという訳です。筆者はいい傾向だと思いました。ホストのダーティーなイメージを変えていくには、ホストが普通の若者と一緒であるというのも確かによいのですが、ホストが職業である以上、ホストという仕事がきちんとしたサーヴィス業として成り立ち得るのだということを示すスタイルがあってしかるべきと思われるからです。女性のための銀座の高級クラブのような「社交場」とでもいいましょうか。そして、その場の接客を担当するのが「バトラー」なのではないか、と。

そこには「上質さ」が求められます。実際、バトラーのコーナーでは、高級ブランドの黒いスーツに身を包むだけではなく、スーツに合わせるチーフの紹介、ワインやシャンパーニュに関する記事、フレグランスの特集など、接客に必要な様々な知識が披露されています。

しかし、筆者が「バトラー」という命名を知ったとき、すぐに思いついたのは日本のホテル業界における「バトラー」サーヴィスへの注目です。ホテルのバトラーサーヴィスは海外の旧植民地のリゾートホテルなどではよく見かける（シンガポールのラッフルズホテルが有名）のですが、日本では「コンシェルジュ」どまりでした。それが、大阪にセントレジスホテルが出来、ニューヨークの本店で培われたバトラーサーヴィスが導入されたのです。そして、『ミシュラン』大阪版のホテルの格付けで、リッツカールトン、インターコンチネンタル、帝国などを押さえて第1位に評価されたのです。

では、ホテルにおける「コンシェルジュ」と「バトラー」サーヴィスの違いは何か。それはコンシェルジュがホテル全体のお客様相手にサーヴィスを提供するのに対して、バトラーは客室専属のサーヴィス係です。従って、バトラーサーヴィスがあっても多くのホテルではエグゼクティブ以上のグレイドの高い一部の部屋のみに設置されています。セントレジスは全室にそれを導入したのです。しかも、きちんとしたバトラーサーヴィスのあるホテルの部屋には湯沸かし器などのセルフ器具は設置されていない。お茶一杯飲むのもバトラーに申し付けるわけです。まさに「執事」。さらに、テニスの相手からショッピングへの同行まで行なうそうです。従って、バトラーは客の手足となって「動く」存在。それに対して、コンシェルジュは「動かない」。デスクに常駐することでホテルに宿泊しているどの客からのリクエストにも対応出来るようにしているのです。

筆者は今回、ホスト界のバトラーを代表するMUSASHIさんのお話を伺う機会を得たのですが、MUSASHIさんの語られた「バトラー」と人気の「ネオホス」との違いが上記のバトラーとコンシェルジュの相違に似ていることに気づきました。「バトラー」はまず、お客様のところに出向いてお茶や食事をご一緒して、それから店にお連れする。店での接客もお客様の好みに応じて、ワインを選んだり、話の話題を事前に勉強したりとお客様一人一人に「お客様第1に」接すると言われています。それに対し、人気のネオホスはホストのところにお客がやって来る。大勢なので、どの客にも対応できるように「動かない」のだ、と。さらに、ホストは高いお金をいただいている以上、服装はどうあれ、バトラー精神をみんなに持って欲しいと話を締めくくられました。ホストクラブとは全室バトラーサーヴィスのあるホテルのようなものではないか、と。そして、そのようなホテルはまさに高い格付けを得ることが可能、まさに「上質」さが問われているのです。

　さて、このように出発した「バトラー」は、『ワイプラス』の企画の中で、「バトラービズ」、さらに現在は「ヨルビズ（夜Ｂｉｚ）」へとシャフトして行っています。ＭＵＳＡＳＨＩさんの上手な説明を引用すれば、「スーツが黒ではなくグレーだったり、スーツでなくジャケットとパンツの組み合わせだったり、ワイシャツにネクタイではなくニットであったりといった」服装への移行です。「ビズ」というのは、「クールビズ」などからの転用でしょう。ということは、ビジネス用の服装ということです。筆者はバトラーのカジュアル化と理解しました。つまり、普通のビジネスマンでも着れるような服装ではないか、と。バトラーファッションはまさに「正装」、ホストの「制服」のようなもので「ヨルビズ」は一般のビジネスマンが会社帰りに彼女とディナーするときなど、ちょっとお洒落をしたいとき、まさに参考になる服装なのです。つまり、「ネオホス」が私服化へと垣根を低くしたように、「バトラー」もまたある程度定着した後は、ホストファッションからより一般化する方向へ向かうのではないか、と。実際、「ヨルビズ」を単純に「水商売」と理解するには、あまりにシックで清楚なファッションで「仕事の出来るビジネスマン」にふさわしい服装に思われるのです。MUSASHIさんのお話の文脈で理解すれば、店に出る前、お客様と食事やお茶をする際にバトラースタイルではあまりに堅苦しくなってしまい、浮いてしまう。そのような状況で上質さを失わず、レストランなどでお客様とご一緒する際の服装が「ヨルビズ」ではないか、と。つまり、ホストクラブ、歌舞伎町以外でも普通にお洒落な大人の服装として通用するファッションだと。

これは、「脱ユニフォーム化」と言えましょう。ユニフォームの「ユニ」は「一」で、「フォーム」は「形・型」。つまり、画一化した服装ということです。もともと、「ネオホス」が登場したのは、世間から一目で「ホスト」とわかるいで立ちから脱却するためではなかったでしょうか。確かにユニフォームの統一感がある種の美しさを有していることは認めます。ただ、一方で息苦しさや形骸化を引き起こす可能性も大なのです。そこで、黒服から上質さを失わないヴァリエーションの多様化が図られることになります。

実際、最近、筆者はフランス料理のサーヴィスに関して、そのような傾向を目の当たりにしました。昨年（2017年）10月、2年に一度行われるフランス料理のサーヴィスマンのコンクール「メートル・ド・セルヴィス杯」のファイナルを観戦した際の出来事です。筆者が理事を務めるリーファァーワイン協会の会長、下野隆祥氏が名誉審査員長をされているので拝見させていただいたのです。2012年には、東京で世界大会「クープ・ジョルジュ・バティスト」コンクールが開催され、優勝したのが、当時、「シャトーレストランジョエル・ロブション」の支配人だった宮崎辰氏でした（下野隆祥、『世界一のサービス』〈PHP新書〉参照）。現在、宮崎氏は独立され、コンサルタントとして活躍され、審査員の一人として参加されていました。宮崎氏のいで立ちはまさに「ヨルビズ」、上質のビジネススーツを粋に着こなす細身の長身でイケメンとくれば、人目を引かずにはいられません。さて、問題は五人のファイナリストの服装です。すぐにわかるのはホテルの方です。黒服で、髪はポマードなどできちんとオールバックにしてあります。その対極に、宮崎氏とそっくりのファッション、お洒落なスーツ姿の長身のセルヴィスがいました。まさに、「ヨルビズ」風です。そして、その立ち居振舞いもまた、ダントツに目立つものでした。結果は優勝がホテルの方で、次席が「ヨスビズ」氏。「ヨルビズ」氏は銀座にあるミシュランでも星を取っている超高級店の方でした。つまり、ホテル以外の一流フレンチでは、ユニフォームではなく、「ヨルビズ」風スーツ姿でサーヴィスするのがお洒落なのでしょう。

このように、「バトラー」、「ヨルビズ」スタイルは私たちの日常生活に転用可能です。バトラーは婚礼やセレブなレセプションなど、「正装」が必要な場合のファッションからマナーまでフォローしてくれるでしょうし、「ヨルビズ」はアフターファイヴにお洒落な服装が求められる際など参考になるでしょう。はるか昔、筆者が若い頃、『ポパイ』、『ホットドックプレス』など若者のライフスタイルの手本となるような雑誌がありました。そこにはファッションから、酒のうんちく、さらには彼女の口説き方まで「総合」的に「嗜み」が説かれていました。確かにマニュアル化は「野暮」というものです。しかし、SNSが発達し、ワインならワインのトリビア的知識が断片的情報としてあれこれ検索はできるものの、ワインを飲むシチュエーション全体を捉えるのはかえって難しくなっているのではないでしょうか。いわば、「木を見て森を見ず」。まさに「社交」のあり方を学ぶのに、「バトラー」は恰好な場を提供してくれると思われるのです。

インタヴュー MUSASHI（ADEOS／OPUSTプロデューサー）

ＭＵＳＡＳＨＩさんは『ワイプラス』のバトラー企画開始時から現在に至るまでモデルとして活躍されている、まさしくホスト界におけるバトラーの中のバトラーと言えましょう。その証拠に、「ホストクラブ」業界初の「バトラーズクラブ」ＡＤＥＯＳを２０１６年に開かれました。そんなＭＵＳＡＳＨＩさんにご自身のバトラーへの思いを語っていただきました。

――単刀直入に伺いますが、バトラーというスタイルはいったいどのようなものとお考えでしょうか。

MUSASHI

まず、バトラーが登場した経緯をお話ししますと、『ワイプラス』で「ネオホス」というスタイルを前面に押し出して、それが一定の成功を収め、業界内外にも広く浸透して行きました。そこでさらなる展開を図ろうというときに出てきたコンセプトが「バトラー」だったわけです。実は最初は「ネオホス」対しての「ジジホス」という呼び方も候補に挙がっていました。つまり、年齢的に「ネオホス」がその名の通り、ネオ＝新しい＝若いという連想から、実際ファッションも年齢層も低年齢化していったのです。それに対する、自分のようなもう少し年の上のホストたちが落ち着いた大人のホストというイメージとそれにふさわしいファッションをということで「バトラー」という名前に落ち着いた次第です。

その背景には、「ネオホス」はアイドル化して自分自身がキラキラ輝くことでお客様がファンのように魅了され人気ホストになっていくのに対し、ホストというのはあくまでお客様が主役で、お客様に対してきちんと接客するまさに「接客業」であることを忘れてはいけないというポリシーのようなものが自分にはあります。

その際、清潔感、洗練、「ナチュラルさ」といったものがキーワードとなるでしょうか。黒髪で、服装は黒の上質な仕立てのスーツ、といったように。そして、一歩下がってお客様を引き立てることを忘れない。

――具体的にはどのようなことに気をつけられていますか。

MUSASHI

自分が開いた店ADEOSを見ていただくとわかると思うのですが、細部にまで気を遣うということです。華美さよりも落ち着いた内装で、飾る絵などもそれにふさわしい品格のあるものにしています。また、化粧室のアメニティ一つとっても上質のものを使っています。お酒の種類もとくにワインに力を入れています。自分をはじめキャストの多くがソムリエ資格を取得しています。そうすることで、例えば、ワイン好きのお客様でだいたい一回に使われる金額がわかっていれば、お客様の好みのワインで可能な限り良いワインを準備することが出来るでしょう。つまり、ホスト自身がスキルを高めることが大事で、新聞雑誌など時事ネタもしっかりチェックするようにしています。お客様の年齢層が比較的高いので、どのような話題にも対応できるようにしておかなければなりません。また、自分は英語も習得しようと努力しています。これからは外国のお客様も多く歌舞伎町にお見えになることでしょうから。

——ネオホスとは客層が違うと。

MUSASHI

そうですね。ネオホスはやはり20代の方が多い。実際に会えるアイドルを追いかけているような。それに対して、自分の店に来られるのは30代以上の方がほとんどですね。30代の方は歌舞伎町の店をだいたい全部一通り制覇されて、「きちんと仕事＝接客ができる」店に落ち着かれるという感じでしょうか。その分、評価も厳しい。実際、ネオホス系の人気ホストはアイドルですから、客数が半端ではありません。物理的に、どうしてもお客様一人一人に丁寧な接客が出来ません。また、それを中途半端に模倣するホストはお客様とトラブルを起こすこともあり得るのです。40代以上のお客様はそれこそワインの話とかご趣味のお話とか、美味しいお酒と会話を上質な空間で楽しまれることを求められているように思われます。

ですので、自分の店では顔が綺麗だからナンバーワンといったことはまったくありませんね。それぞれのキャストが持っている接客術がお客様にどう評価され、またその相性によって指名されるということだと思います。また、自分の店に来られるお客様のほとんどは、店に直接来られることはなく、その前に何処かでお茶なり、食事なりをご一緒してから店に行く〔同伴出勤〕ことになりますので、服装、マナーなど公衆一般の前で失礼のない振舞いが出来なければなりません。

――そもそも、MUSASHIさんは何故バトラースタイルを選ばれたのですか。

MUSASHI

これまでお話ししてきましたように、自分はホストとはあくまで接客のプロ、つまりお客様が主役で、自分が主役ではないと考えています。服装もまた、その「徴《しるし》」である、と。ですので、ネオホスが主流となり、私服で、例えばスニーカーで接客というのは自分には納得のいかないものがあります。高いお金を払ってまでわざわざ来て下さるのですから。わかりやすい例を挙げれば、漫画が原作でTOKIOの松岡昌宏君が主演でテレビドラマ化された『夜王』〔倉科遼原作、井上紀良作画、『週刊ヤングジャンプ』〔集英社、2003年~2010年〕。ドラマ2005年、TBS〕で主人公のホスト、的場遼介が「すべての女性を幸せにする」をポリシーにしていたのと同じような思いとでも言えましょうか。ですので、自分は企画が始まる前から、結果的にバトラースタイルと言われることになった服装で接客し、現在に至っているのです。

——そう言えば、最近は「バトラー」という表現より、「ヨルビズ」と呼ばれているよう

に思うのですが。

MUSASHI

バトラー企画が始まった際、バトラーはきちんとした服装ということで黒のスーツと限定したのです。ディオール、サンローランなど高級ブランドそれぞれに素敵なスーツがあるのですが、さすがに単調になって来たというか、着ているモデルのホストたちも息苦しくなってしまったようです。自分は通常からバトラースタイルで接客しているので問題ないのですが、バトラーモデルのすべてがあのような服装で働いているわけではないのです。私服で店に出ているモデルの方が多いかもしれません。そこで、もう少しフレキシブルでかつきちんとしたファッションということで展開していったのが「ネオビス」です。スーツが黒ではなくグレーだったり、スーツでなくジャケットとパンツの組み合わせだったり、ワイシャツにネクタイではなくニットであったりといった……。

――ということは、「バトラー」は雑誌の中でこそ「ネオホスト」と並ぶホストスタイルの重要なジャンルであるのに対し、実際はそれほど浸透していないということですか。

MUSASHI

さきほどお話ししましたように、確かに黒のスーツといった服装はバトラーの「徴《しるし》」です。しかし、それはまず服装ありきではありません。逆に、バトラー精神というか、お客様を第一に考え、ホストはお客様を引き立てるべく、一歩下がった黒子的存在であるというスピリットの表われとして、黒のスーツがあるのです。ですので、自分としてはバトラーには黒のスーツが相応しいと思うのでそれを着ているわけで、バトラースピリットを持っていさえすれば、別に私服でも構いません。実際、バトラーモデルをしつつ私服で接客しているホストたちも心根では自分と同じポリシーの持ち主だと確信しています。ですから、私服であっても礼を失するというか、品格を無視した恰好はしていません。

――では、「バトラー」というスタイルは今後どうなっていくのでしょう。

MUSASHI

「バトラー」の出発点である黒のスーツにネクタイといったスタイルは堅持され、折を見てその都度再確認される必要があるかと思います。その一方で、「ネオビス」的な上質さを失わない形でのヴァリエーションが広がりを見せて行ってくれればと思います。実際、最近スーツスタイルは増えてきています。ネオホスファッションへの反動なのかもしれません。でも、それはあくまで内面にお客様第一のバトラー精神を持って、そのような着こなしをするホストが増えていることであって欲しいと願っています。そして、結局のところ、どのような服装であれ、自分はバトラースピリットを持ったホストが一人でも多くなってくれれば、と。というか、自分はホストとは本来、そのようなスピリットの持ち主のことを言うと思うのですが……。

コメント

胸にソムリエバッジを付けた黒いスーツで登場したMUSASHIさんは雑誌で拝見するよりはソフトで優しい雰囲気の方でした。丁寧な言葉遣い、「うまく言葉にできなくて済みません」といった謙虚な発言が、彼の言うところのバトラー精神の現われであると実感した次第です。また、ちょっと広めのテーブルに対面で座ってお話を伺ったのですが、目の前に広げた『ワイプラス』の服装を具体的に説明されるときなど、おもむろに立ち上がって熱心に細部を指さしながら話して下さったのが印象的でした。絶妙の距離感と心に響くお話に感服しました。

３．「モノクローマー」

「モノクローマー」というタームは『メンズナックル』に登場するファッションの分類概念です。『ワイプラス』が「ネオホス」ファッションを提唱し、後に、そのカジュアルな傾向に対抗するスタイルとして「バトラー」を提示することでスタイルの多様化を図ったのに対し、「モノクローマー」は『メンズナックル』が提唱するファッションの特徴「黒」をベースにさらにそれを徹底化した（後続の社美緒さんの言い方に従えば「作り込んだ」）スタイルを区別するためのタームと言えましょう。従って、「ネオホス」＝「カジュアル」対「バトラー」＝「フォーマル」といった一見して対照的なものではないものの、実際のコーディネイトをみれば、「ああ、これはモノクローマー」とほとんどの場合判別できるといった類のファッションを指しているタームです。実際、『メンズナックル』の定義を見ても、〈黒をベースに唯一無二のスタイルを追求した本企画「オールモスト　モノクローム」のようなファッションを身に纏っている人々を指すナックル用語〉（２０１６年８月号）と、明確な定義がなされていません。しかし、あえて一言で言うなら、「モノクローマー」は「ヴィジュアル系」ファッションであると言ってよいかと思います。

その理由として、「モノクローマー」は「ロックバンドのファッションが好き」と社さんもおっしゃっているように、そのいで立ちには「ロックテイスト」が明白に見て取れるからです。また『メンズナックル』に「モノクローマー」が登場する経緯は、第1部の「ホスト雑誌」に関する記述から以下のように推測されるでしょう。もともと、ヴィジュアル系ファッションには専門誌『メンズスパイダー』があったのですが、2015年7月号をもって休刊となってしまいました。『メンズスパイダー』のモデルを務めていたのは、ヴィジュアル系バンドメンバー、ホスト、そして「イケメン女子」でした。雑誌がなくなった以上モデルたちは何処で自己表現する機会を得られるかということです。バンドメンバーは音楽雑誌もあるでしょうし、元々アーティストとしての音楽活動で自己実現していけばよいのです。問題はヴィジュアル系ファッションを身上とするホスト、さらには「イケメン女子」の行き場です。そして、それこそが「モノクローマー」ではないか、と。実際、「モノクローマー」のページに登場するモデルは「ホスト」だけではなく、「イケメン女子」

も含まれているからです。つまり、『メンズナックル』は『メンズスパイダー』のファッションを統合した。その際、「黒」を基調としたファッションという共通性はあるものの、スタイルとしては異なるカテゴリーとして考えられていた「ヴィジュアル系」という分類をそのまま採用するわけにはいかず、「モノクローマー」と言い換えることで『ナックル』ファッション中のある特徴的な傾向を有する一群という形で統合に成功したと言えましょう。実際、前述の2016年8月号では「徐々にその存在が認められ、ただいま歌舞伎町ナイトで増殖中！」とあります。それはミュージシャン中心の「ヴィジュアル系」ファッションから、「ホスト」ファッションとしての「モノクローマー」への移行と理解できるでしょう。

でも、そもそも何故、ヴィジュアル系ファッションの一翼をホストが担っていたのでしょう。これには歴史的にバンドマンとホストとの深い関係があるからです。実は筆者、大学院に入った1985年から教員になる1990年頃にかけて日本のロックのライヴシーンに関わっていました。当時のバンドマンは髪が長いというだけでバイトがなく、とりわけ人前に出るものはダメで、ほとんどの人が土方、荷物の運搬といった肉体労働に従事していました。90年代に入ってからだと思いますが、そのような状況下でホストのバイトはあったのです。しかも、バンド系のホストのいるホストクラブは歌舞伎町ではなく、池袋に集中していたと記憶しています。

今回、手塚マキさんにも伺ってみると、手塚さんが現役ホストだった20年ほど前、90年代後半、ホストは腕っぷしの強い不良かバンドマンだったと回想されました。そして、ホストがバンドマンだけのホストクラブも存在していた、と。また、手塚さんはホストクラブに通う客とライブハウスに通う客には似た心理があるのではないか、とも。同様の事柄は後続のインタヴューで社さんも発言されています。どちらもお目当ての男性に直に会うことが出来るという点で、手に届かないアイドルなどを追っかけるのとは異なったより親密な関係性を作り上げることが出来るのではないか、と。

ただし、手塚さんは、現在はもはや当時のような密な関係性は構築できないのではないかと分析されました。何故なら、当時はＳＮＳが発達していなかったので、ホストクラブやライブハウスに通うことは「秘め事」として「共犯関係」的な心理が働いていたからだ、と。確かに、その場に行かないと体験できないことそのものに価値観があり、それを自分の心の中だけで留め置くことである種の優越感を得ることが出来る。しかし、それを口外しない、できないことにアンビヴァレントな心理が複雑に絡み合う。確かに、こういった関係性は「モノクローマー」が様々な情報をSNSを通じて発信し、「インフルエンサー」として多くの人々に影響を与えるという現在の状況では成立しづらいでしょう。おそらく、現在は「ヴァーチャルな」ものに留まることもできる事柄をホストに会いにいくことで「リアルな」体験としても享受でき、さらには、「インフルエンサー」としての「モノクローマー」を中心にしたコミュニティ（共同体）の一員としてアイデンティティを感じることが出来るという理由からホストクラブに足を運ぶのではないでしょうか。

ところで、現在の「モノクローマー」ファッションは1990年代後半のヴィジュアル系ブームに端を発し、さらに漫画やアニメのキャラの「コスプレ」といった2.5次元的表現が文化的地位を獲得したことが背景にあると言えましょう。しかし、「モノクローマー」があくまで「ロックテイスト」であるとしたら、その起源は1980年代初めの日本のハードロック黎明期に、しかも「ハードプログレ」というジャンルにおいて、その中でもとりわけ「ノヴェラ」というバンドに見いだせると筆者は考えます。当時、「お化粧バンド」といわれ、中性的な少女漫画に登場する美少年のようなそのいで立ちはまさに「モノクローマー」の原点と言えるのではないでしょうか。筆者は１９９０年、創刊されたばかりの心理学雑誌『イマーゴ』（青土社）の「ロックにおける『境界』とは何か」という論文で、それまでの10年ほどの日本のロックを論じ、「ノヴェラ」にも言及しています（10月号）。詳細はそちらをご参照いただければ幸いです。

また、この「少女漫画」に登場する中性的な「美少年」というキャラクターは、パッと見、男性なのか女性なのかわからないという「セクシュアリティの壊乱」を引き起こしました。「モノクローマー」の多くがファッションのみならず、「整形」などを通して「中性的」な「美」を追求する。これが「作り込み」と言われている事柄です。また、女性の側からも「美少年」にしか見えない「イケメン女子」が登場し、「モノクローマー」としてモデルを務めています。セクシュアリティ一般に対して「モノクローマー」が新たな「在り方」を展開しているように、こだわりの人「モノクローマー」は「インフルエンサー」として、カルチャー一般に多くの問題提起と新たな創出を巻き起こしてくれると期待されるのです。

インタヴュー　社　美緒（Group Yggdrasill会長／冬月グループFC部取締役）

社美緒さんは、「モノクローマー」系ホストが多く在籍するグループ・ユグドラシルの会長として、数軒のホストクラブやバーなどを経営される実業家として活躍されています。ご自身も「モノクローマー」として『メンズナックル』に連載「読んでくれたら壊してあげる。」を持たれるなど、「教祖」と呼ばれるように「モノクローマー」の代表的存在です。そのような社さんに、インパクトのあるヴィ

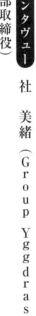

ジュアルにだけ、とかく目が行きがちな「モノクローマー」の本質について伺いました。

——ファッションの形態からしますと、「モノクローマー」は「ヴィジュアル系」の延長にあると思われるのですが。

社　確かに、ホストそれぞれのカテゴリーをどのような服装が好きか、一言で定義してしまえば、「ネオホスはアイドル」、「バトラーはスーツ」、「モノクローマーはロックバンド」のファッションが好きと言うことが出来るでしょう。また、歴史的経緯から見ても、髪を染めていたバンドのメンバーが他にバイトする場所がなかった時代、ホストは門戸を開いていたという事実もあります。しかし、バンドマンもホストも、その人に会いたくてお客様がやって来るという構造的同型性がすべての根本にあるではないでしょうか。ただし、バンドマンはあくまでミュージシャンとして楽曲なり、演奏なりを評価して欲しい、それを引き立たせるためのファッションであるのに対し、「モノクローマー」はあくまでホストとしての自分が舞台なのですから、ファッションを含めたセルフプロデュースが第一と言えます。

また、バンドマンがあくまでバイトとしてホストをしていた時代と異なり現在は、例えばコスプレーヤーのような派手めのファッションそのものが好き等で一般職に就けない、つまり、自己実現するためには「モノクローマー」としてホストを生業にするしかない子たちが生きていく場を自分は創出していると自負しています。

――では、そのような「モノクローマー」を指名するお客様との関係性とはどのようなものでしょうか。

社　お客様が「モノクローマー」に求めるもの。それは「一般にないもの」です。また、変わりたくても変われない自分に代わって、変わっている人間を応援したいという心理が働いているのでしょう。ですので、ホストは恋愛するのが仕事ではありません。高いお金を払ってでも会いたい自分を如何に「作り込む」かにかかっています。自分の何がカッコいいかに気付き、それをブランドにまで高める自己ブランド化。それは「表現の自由」を究極まで求める人間の集まりであり、そのためにはあらゆる手段を用いると言ってよいでしょう。例えば、整形など。整形はピアスを開けるのと同じ感覚だと思います。また、芸能人のように容姿端麗な方々でさえ、いやだからこそ、整形をしてより完璧な美を求めているのに、普通の人間が自分の理想とする美を獲得するには整形は当然、「作り込み」の一つの手段として欠かすことができないと思われます。また、そうして得られた代替不可能な自分は「ファイナルファンタジー」の世界観、あるいは宗教的な雰囲気と親和性があると言えます。従って、「モノクローマー」のファッションにはロックテイストだけではなく、ゴシックやゲームキャラといったテイストが見られるのです。

――そうしますと、「モノクローマー」の自己表現はお客様との関係性に終わるだけでなく、

より遠くへと発信されていくように思われるのですが。

社

その通りです。一般的でなかったからこそ、逆に「承認されたい」という欲求が人一倍強い。これまででしたらホスト業界内だけでの認知だったものが、SNSを駆使することでまさに「インフルエンサー」として活躍する「モノクローマー」が増えています。それは女性に対してだけなく、「カッコよくなりたいからホスト」になるという男の子も増えてきました。「モノクローマー」は自己表現の手段に対して敏感ですので、文章力にたけた人も多いのです。また、写真とCGを組み合わせるブリコラージュの得意な人など。ですから、自分を「作り込む」過程でその所産として、自身のデザインするファッションブランドやアート作品、さらには文芸などクリエイティヴなジャンルへと触手を伸ばしていくことでしょう。そうした意味でも「モノクローマー」は「文化」であると考えています。

――そうしますと、「モノクローマー」は「作り込んだ」キャラクターを自分として完全に同一化してしまっているのでしょうか。例えば、「モノクローマー」スタイルでどんな時も過ごしているとか。

社　「モノクローマー」の多くはサラリーマンなど普通の社会生活には馴染めない子たちであることはすでに申し上げました。繊細で、感受性豊か。しかし、その分、オンとオフが激しいのです。ですので、バランスを取る必要性があるか、と。「作り込んでいる」ときの張りつめた緊張感と高揚感をどこかでリラックスさせる環境がないといけません。ですから自分なども普段はカジュアルな格好で過ごしてますし、「モノクローマー」の多くもそうしているように思われます。「コスプレーヤー」は完璧にコスプレすることに細心の努力を払いますが、それはあくまでそれを披露する場でのことでしょう。四六時中、コスプレのまま過ごしていれば、それは「コスプレ」ではなくなってしまいます。また、「作り込み」に没頭し過ぎると視野が狭くなってしまいがちです。本来、「モノクローマー」は表現の「自由」を追求する者ですから、常に捉われなく新鮮な視点を確保しなければなりません。こだわりと柔軟性をどう両立させるかですね。また、「モノクローマー」の多くは「インフルエンサー」になることに熱心ですので、自分というものを「表現」しつつも独りよがりにならず、多くの人に影響を与えるべくどう振舞えばよいか、クレヴァーに計算していると思いますよ。

――最後に、優秀な経営者として今後どのように「モノクローマー」たちを育てていきたいとお考えですか。

社

現在、自分はグループ・ユグドラシルの会長として、何百人ものホストを率いています。また、自分を含め「モノクローマー」の牙城とも言われるこのグループをどう守り、発展させて行くかに常に心を砕いています。というのも、「モノクローマー」の多くはホストという職業でこそ自身の個性が生かされ、またこの「場」でないと生きていけないからです。そうした彼らを束ねていく際のポイントを一言に要約すれば、「文化への落とし込み」と「多様性の実験」の「両立」と言えましょう。「文化への落とし込み」とは、「モノクローマー」という「文化」の価値観を共有できるように育てるということです。「モノクローマー」としての自覚というか、「絶対にぶれない」心を養うように心がけています。しかし、「モノクローマー」であることに胡坐《アグラ》をかいてしまえば、そこから先に進めません。「モノクローマー」は「老舗」になってしまいます。確かに、「ネオホス」以降のホスト業界でも、一方で昭和の香りのする伝統的なホストクラブは存在し、老舗として、いわば歌舞伎や能のような伝統芸能的価値を持っているといえましょう。しかし、「モノクローマー」の多くは自己主張が強く、型にはまるのを好みません。そこで、「モノクローマー」としての価値観を共有しつつも、「多様性を容認」し、いかに新たな「モノクローマー」のスタイルを創出できるかが問われているのです。実際、「モノクローマー」のファッションもロック色の強いものから、ゴシック、またコスプレ系など多種多様です。また、性格の似た者同士で集まる傾向の強い「モノクローマー」をどのように組み合わせ、「店舗」それぞれの違いを出しつつ、適材適所で各プレイヤーのポテンシャリティを最大限に発揮させられるか。実にやりがいのある仕事だと日々実感する毎日です。

コメント

モノクローマーについて理路整然と話をされる社さんを目の前にして思ったのは、この方は自身もモノクローマーとして自負を持たれ、また何百名ものホストの方を束ねる存在として、プレイヤーとしてのモノクローマーのホストたち一人一人に対して並々ならぬ愛情を注いでいらっしゃるということでした。自分より現役のモノクローマーに語らせた方がよいのでは、とおっしゃって下さいましたが、全体を俯瞰できる社さんこそ適任だと筆者は思いました。何事もプロデュースするのに多大な才能の持ち主とお見受けした次第です。

4.「イケメン女子」

皆さんは「ホスト雑誌」に女性モデルが起用されていることをご存知でしょうか。もちろん、この手の雑誌にかかせないグラビアアイドルやキャバ嬢のお色気セクシーショット写真のモデルではなく、れっきとしたファッションモデルとして、ホストたちと一緒に同系統の服を着て颯爽と写っているのですが。それは、『メンズナックル』の「モノクローマー」のコーナーに見ることが出来ます。例えば、『メンズナックル』（2018年3月号）の「オールモスト　モノクローム‼」のコーナー、トップのモデル「千歳」さんはいわゆる「イケメン女子」と呼ばれる男装女性です（51頁）。後続する頁に登場するモデルはもちろん皆、ホスト。

ちなみに、千歳さんは『メンズナックル』専属モデルの他、男装アーティストとして多方面で活躍されているとのこと。

また、わかりやすい例を挙げておけば、2016年8月号の『メンズナックル』には、「イケメン女子」の代表格でタレントとして活動している「ルウト」さんのコーナー「ビヨンドスタイル」（42～43頁）、さらに69頁には「イケメン男装女子ファイル」として５名の「イケメン女子」が紹介されています。また、筆者が知るところでは、男装女子がホストを務めるホストクラブが少なくとも２店（歌舞伎町ミストラルと大阪ミナミ聖女学園男装部）存在しています。

「イケメン女子」についてはことある毎にすでに言及して来ましたが、ヴィジュアル系バンドやコスプレなどと親和性があり、休刊になった『メンズスパイダー』の読者であれば、ルートさんも専属モデルで頻繁に登場するなど「イケメン女子」はモデルの一角を占めているという認識だったと思います。また、「スパイダーガールズスナップ」のコーナーでは様々ないで立ちの「ヴィジュアル系」女子が写真に納まっていて、その中に「イケメン女子」も含まれているというスタンスだったのです。

では、「イケメン女子」はいつごろ表舞台に登場したのかといえば、おそらくジャパニーズロックで「ヴィジュアル系」がブームを巻き起こした１９９０年代後半ではないでしょうか。「シャズナ」がメジャーデヴュー作「メルティーラヴ」で88万枚、続く「すみれセプテンバーラヴ」（一風堂のカバー）で65万枚のヒットを飛ばしたのが1997年。他に「ラクリマクリスティー」、あのガクト様がヴォーカルだった「マリスミゼル」など。とりわけ、「シャズナ」のヴォーカル「イザム」は中性的ないで立ちで多くのファンを魅了しました。こうして、コンサートにメンバーのコスプレをして出かける女子も増えていったのです。

筆者はまた、研究者としてセクシュアリティの思想を専門としています。男子もこれからはカッコよく美しくなければいけないというテーマの講義を明治大学で続けて25年になろうとしています。もちろん、セクシュアリティに関する学術論文、著書、翻訳なども多数あります。ただし、セクシュアリティ業界は社会学が専門の学者、あるいは昨今の同性婚、同性パートナーシップの話題性からジェンダー法学者たちが幅を利かせています。筆者は心理学・精神分析、さらに哲学が専門ですので、彼／彼女らとは考えを異にするところが多く、正直居心地が悪いというか、お互いに関わらないようにしているというのが実情です。

では、少なくとも日本において主流のセクシュアリティに関する言論を支配している根本前提は何か。それは、セクシュアリティには「差別」の構造があり、男性より女性、さらに女性より同性愛者など性的マイノリティが弱者として差別の対象になっている。それらを是正していかなければならないというものです。この考えそのものを筆者は否定するわけではありません。差別のない社会というのはセクシュアリティに限らず、どんな差別であれ、それがない社会を目指して日々努力すべき事柄です。ただし、「差別」は「区別」があって初めて生じる事柄であって、では「区別」もなくしてしまっていいのか、という議論がまず考えられます。例えば、学校の運動会で徒競走をして順位をつけるのはけしからん。子供のいじめの原因になりかねないといった意見はよく聞かれるでしょう。しかし、現実は偏差値で進学する学校が決まるのです。世は東大生やインテリ芸人がテレビのバラエティでもてはやされる時代です。これは明らかに矛盾しています。

さらに、ハラスメントが現実に存在する限り、弱者を強調しなければなりません。「女性」だから、と。男性／女性の性別＝区別は自明のように思われます。しかし、よく考えてみると「女性」というのも多種多様なわけで、「イケメン女子」も「女性」である限り、「女性」に分類されるのかといえばそう簡単にはいかないのです。「女性」より弱者である「性的マイノリティ」が存在するわけで、しかもそれらも多種多様とくれば、「性的マイノリティ」もまた分類＝区別化されてくるわけです。実は「差別」はいけないのですが、「区別化」には大変熱心なのがセクシュアリティ業界と言えるのです。そして、セクシュアリティの啓蒙書に必ず登場してくるのが「ＬＧＢＴ」、レズビアン（女性同性愛者）、ゲイ（男性同性愛者）、バイセクシュアル（両刀使い）、トランスジェンダー（性転換＝性同一性障害者、トランスセクシュアル）という分類です。さらにＱ、クイア（その他様々な性的マイノリティの総称）を加えて「ＬＧＢＴＱ」という分類を用いる人もいます。この分類には明らかにマイノリティの中の力関係が反映されています。性的マイノリティの中の最大派閥「同性愛者（ホモセクシュアル）」は男性同性愛者が自らを「ゲイ」と呼んで声を上げ、「ホモ」というレッテル貼りを拒否したのです。それが世に認知され、今度は女性同性愛者が男性同性者と自分たちを区別すべく「レズビアン」と名乗ったのです。しかし、バイセクシュアル、トランスジェンダーも同様にそれぞれ男性、女性の当事者がいるはずなのに別に呼ばれること＝別々に取り扱われることはなく、「クイア」に至っては十把一絡げに「その他大勢」になっているではありませんか。さらに最近はそれほどではなくなりましたが、「ゲイ」であることを公言（カミングアウト）しない者は「ゲイ」の風上におけないといった風潮まである次第。そうすると、必然的に生じるのは「イケメン女子」とは「ＬＧＢＴＱ」のどれに該当するのか、という問いなのです。

上記の分類に従えば、少なくとも三つの可能性が考えられます。まず、男装するレズビアン（Ｌ）。これは例えば、マツコ＝デラックスの逆バージョンというわけですが、何故、おネエ系の女装はドラッグ・クイーンよろしく美的というよりデフォルマティヴな感じなのに、「イケメン女子」はカッコいいのか。さらに、レズビアンが皆男装するわけではないのですから、どうして彼女らは男装するのかといった疑問が生じます。次に、性同一性障害者（Ｔ）で自分を男性と認知しているので男装する、いや自分の着るべき服を着ているに過ぎないというケース。そして、ただ異性装が好きという女性（Ｑ）。これにも「トランスヴェスタイト」という立派な学名が付けられていて、男性の場合（いわゆる「女装趣味者」）、これも女装ゲイ同様、美的というよりどこか滑稽で今流行りの「女装男子」とも微妙に違っています。おそらく「イケメン女子」でファッションだけ男装という人は「女装男子」に類似の心理からそう行動しているのでしょう。さらに、バイセクシュアルの女性が女性と関係を持つとき、男装するケースなども考えられますが、突き詰めて行くとまだまだ色々なケースが考えられるはずです。

それに対して、筆者は「イケメン女子」でいいではないか。いちいちどれに該当するか確認する必要などない、という立場です。もちろん、イケメン女子同士で自分が自らをどう認識しているのか互いに話し合ったり、周囲の理解者にそれをどう告げようと問題はありません。しかし、あくまで「イケメン女子」としてイケているかどうかが肝要なのであり、それ以上でも以下でもありません。ＬＧＢＴＱといった分類は無用なのです。そして、「イケメン女子」を「イケメン女子」として評価し、生かしてくれる場所の一つが「ホスト」文化圏ではないでしょうか。中でも「モノクローマー」は心理的にも共感する部分があるからこそ、一緒に誌面に登場することが出来る。「モノクローマー」、「イケメン女子」が創り出して行くシーンから目が離せないのは必須です。何故なら、それは端的に「美しい」のだから。

5．「整形男子」

「神は細部に宿る」とは、バウハウスの校長も務め、バルセロナ万博のガラスのパヴィリオンで有名な近代建築の大家、ミース・ファン・デル・ローエの言葉といわれていますが、「ネオホス」、「バトラー」、「モノクローマー」といったタームが「ホスト雑誌」の中心的概念であるのに対して、前出の「イケメン女子」そしてこの「整形男子」はまさに「細部」でありながら、その重要性は「イケメンホスト」を読み解くに際して見過ごしてはならないと筆者は考えます。というのも、『メンズナックル』を通読していて、「顔面整形大作戦」とか「整形対談」というコーナーに出会ったとき、１、２頁の小さな企画ながら、きっとある種の「驚き」を感じざるを得ないからです。では何が人を驚かせるのか。それは内容というより、「整形」に関して「公然と語る」という言説のあり方が異質に思われるのです。というのも、少なくとも日本において、「整形」のような事柄に関しては「疑惑文化」とでもいえる言説こそ、日常に流布し、それを享受して楽しんでいるのではないでしょうか。「女優の誰それは『整形』しているに違いない」とか、「あの渋い中年俳優、実は『カツラ』なんだよね」といったように。そして、「疑惑」を「疑惑」のまま楽しんでいるうちはよいものの、「疑惑」が「真実」に近づくと事態は一変して、しらけるか悲惨な結果が待っているのです。例えば、先年、俳優の成宮寛貴さんが違法薬物使用の疑いを報じられました。これは上記の「疑惑文化」とは違った事柄です。つまり、犯罪か否かといった「真実」を判明させるべき事柄です。ところがいつの間にか、話は成宮さんが「ゲイ」か否かの「疑惑」の方に集中し、様々な証言や写真なども登場し、結果、成宮さんは芸能活動を中止、海外で暮らす状況が続いています。これは本来「疑惑」を「疑惑」のまま楽しむべき話題が、違法薬物使用という白黒はっきりさせるべき問題と一緒に報じられる中で、ごちゃごちゃになり、「疑惑」のままではすまされなくなってしまった結果起こった悲劇と考えられます。このように、「整形」に対する「疑惑」どまりの言説が巷では一般的であるのに対し、「ホスト雑誌」では、「正月太りもなんのその！　エラのボッリヌス・トキシンの効果てきめん」と大きな顔写真付きで、あるホストがビフォア・アフターを披露しているのはまさにワンダー（不思議な）ランドならではの光景と言えましょう。

　また、こうした「整形」に対する日本における「疑惑文化」の言説空間は「整形」大国の韓国とも微妙に事情が違うようです。実は筆者、大学の「イングリッシュ・セミナー」という授業で、K-POPとJ-POPの違いが英語文献でどのように紹介されているか、アメリカ生まれの韓国人女性ジャーリストが書いたペーパーバックをテクストに学生と講読しています(Euny Hong, The Birth of Korean Cool, Picador, 2014)。『コリアン・クール(韓国的カッコよさ)の誕生』と題されたその本で、西洋のメディアで韓国の話題といえば、「サムソン、K-POP、そして整形」という一節が。そして、「整形」について西洋との比較が記されています。例えば、韓国において「整形」といえば「顔」の整形であるのに対し、西洋では顔に限らず、女性であれば、豊胸手術、ブラジルでは臀部増大といった脂肪注入などがポピュラーとのこと。男性ではアメリカなどで、ふくらはぎにシリコンを注入する手術もあるとか。つまり、全身を男らしく、女性らしくするのが「整形」なのに対し、韓国ではもっぱら「顔」。しかも、整形とわからないようにするのが大事。西洋ではこれ見よがしに整形を顕示することがステイタスなのに、韓国では整形とわからないように整形することが秘訣とは。実際、この著者もソウルで瞼の二重術を受け、当時住まいのあったドイツに帰ったところ、非アジア人の友人は誰も気が付かなかったそうです。

韓国では芸能界だけではなく、就職のためにも「整形」は必要だと考える風潮があります。しかし、あくまで「整形」だとわからないように「整形」しなくてはなりません。こうした実情の背景には、「整形」しなくても「美しい」人間が「自然に＝普通に」存在するという信念があるのではないでしょうか。それが本書執筆中に韓国の平昌で開催されていた冬季オリンピックでの北朝鮮からの「美女応援団」。競技そっちのけでメディアが毎日のように取り上げていた美女たちです。何故、北朝鮮の女性に魅了されるか韓国の男性に尋ねると、「韓国美人は整形だけれど、北朝鮮の美人は整形ではないから」と彼らは口を揃えて答えるのでした。これが韓国で言われる「南男北女」、男は南朝鮮＝韓国にイケメンが、女は北朝鮮に美人がいる、と。『コリアン・クールの誕生』でも、第9章のタイトルが「北の女子、南の男子」とあります。「整形」は人工的であるのに対し、自然の「美」の方が尊い、と。人為に対する自然の優位＝自然への畏怖といった思想は人間としてまさに「自然」な心性ではないでしょうか。ただし、容姿に関して、自然に美しいにこしたことはないが、美しくなければ「整形」してでも「美しく」するべきだ。

しかも、あくまで自然でなくてはならない以上、「整形」は悟られてはならないという発想が妥当かどうかには議論の余地があるところです。K-POPのスターたちは歌もうまければ、踊りも完璧。しかも品行方正とくる。しかし、どこか皆同じように見えてしまい、かつ人工的。『コリアン・クールの誕生』の著者もことある毎に「K-POPマシン（機械）」と書いています。

いずれにせよ、このような韓国における整形事情は、「疑惑」を楽しむ日本の言説空間とは微妙に齟齬をきたすものと言えましょう。例えば、芸能人のスキャンダル「疑惑」が事沙汰されるのは、芸能人をどこかいかがわしい、胡散臭いところがあるのが当たり前と思うからです。芸能人、いや政治家とて、そのようなセレブ、ある種の特権階級の人々が曇り一つなき清廉潔白な人間であると思っている人は皆無に等しいでしょう。ところが韓国では、激烈なる受験戦争を勝ち残り一流大学から官僚、財閥系企業に就職したエリート同様、K-POPスターも社会的成功者として「清廉潔白」で「あるべき」だと思われています。つまり、民心の本音はどうであれ、清廉潔白であるかの如く振舞うのが当然である、と。それは、整形が整形していないようにあたかも自然な美しさであるかの如くなされねばならないのと同じ。そこで、韓国では芸能人にスキャンダルが浮上するやいなや、「糾弾」が始まる。暗黙の了解＝約束を破ったな、と。そして、芸能人は「謝罪」するか、プレッシャーに耐えかねて「自殺」するという結末を迎えるのです。

筆者は「美」というのはそもそも、どこか「いびつ」な、あるいは「不完全」な部分、ある種の「欠如」があってこそ成り立つ事柄だと考えています。また、「自然」は完璧なものではない、と。少なくとも「生命」はパーフェクトではあり得ない。何故なら、完全であれば、変化、進化など起こりえないからです。だからこそ、イケメンや美人に出会うと人は魅了されるのではないでしょうか。自然にそのような「美形」がこの世に生まれてきたのは「稀な」ことである、と。しかし、そのような天然の「美」は生命の所産ですから完璧なわけではありません。自然の「美」にはどこかに微かなウィークポイントがある。「あばたもえくぼ」ではありませんが、そのウィークポイントも含め魅了され、愛することができるものこそ、「美」ではないかと筆者は考えます。

また、「整形」に関して問題なのは「美」を求めての「整形」がいつの間にか「整形」のための「整形」になってしまっていることがあるからです。摂食障害の方に、「痩せすぎですよ」と告げても「まだ太っている」と頑としてなかなか言うことに耳を傾けてくれません。同様に、「整形」で「美」を一つ手に入れると、「より」美しくないと、と「強迫的」に「整形」を繰り返す方がいます。「整形」し続けないと「不安」になってしまう。キリがないのです。そして、気づいてみると「美」とはお世辞とも言えないどこか「不自然」な顔かたちになっていることに。ですので、「ホスト雑誌」の「整形」コーナーを読むたび、「整形」は「化粧と一緒」といった軽やかな言説が飛び交ううちはまだおもしろいのですが、「病的」な「整形」がこの言説空間でどのように扱われるのか、目が離せません。もし、「無いもの」として「抑圧」されてしまえば、その軽やかさは「見掛け倒し」あるいは「偽装」に過ぎないでしょう。

従って、筆者は個人的には「整形」そのものを積極的に評価する者ではありません。ただし、「疑惑文化」的な言説空間で事沙汰される「整形」がかくもあけっぴろげに「公言」される「別の言説空間」が「ホスト雑誌」に存在することは確かです。これら異質な「言説空間」同士が互いにどのように絡み合い、これまでと異なった言説空間を作り上げていくか。そこには文化の新たなフェーズが期待されると考えられるのです。

6.「歌舞伎町ブックセンター」

新宿区歌舞伎町2丁目28番14号。２０１７年10月7日開店。

「歌舞伎町ブックセンター」が出来たと複数の友人から聞いたとき、それは手塚マキさんの仕業に違いないと即座に思いました。確認したところ、案の定、手塚さんがオーナーとのこと。歌舞伎町で「本屋」などという文化的メルクマールを創設しようと考えるのは彼くらいしかいない。そう、「文化的戦略」。プロデューサーに文学カフェ「ＢＵＮＤＡＮＣＯＦＦＥＥ ＆ ＢＥＥＲ」などを展開する「東京ピストル」の草彅洋平代表、ブックセレクターに「エディトリアル・ジェットセット」の柳下恭平氏と万全の布陣を配しての出発。

後日、ブックセンターのことを教えてくれた友人の一人から見せたい動画があると言われました。ホストとは無縁の人のように思いましたので、どうしてブックセンターのことを知っているのか気になっていたのです。彼女が見せてくれた動画を見て、納得しました。それは彼女が会員になって毎日欠かさずチェックしている、ジャーナリストの上杉隆氏によるインターネットニュース番組「ニューズ・オプエド」だったのです。なんと、手塚さんがＴシャツ姿で出演しているではありませんか。彼女によれば、手塚さんはコメンテーターとしてよく登場されるとのこと。上杉氏がいないときは司会までされたと言ってその動画も見せてくれたのです。その日のゲストはホリエモンこと堀江貴文氏で、氏は何か虫の居所でも悪いのか、取り上げられる話題にその都度、くってかかり、取りつく島もないのですが、手塚さんは何とか議論を深めようと、いくら堀江氏に毒づかれようと根気よく話を繋いでいかれているのを拝見して感心しました。

その時の手塚さんはスーツ姿で、通常のコメンテーターの時もスーツでした。彼女が最初に見せてくれたＴシャツ姿の手塚さんはちょうど、「歌舞伎町ブックセンター」開設の件を話された時だったのです。ユニフォームだというそのＴシャツには「事務所の一階」と書かれていました。その意はその名の通り、ブックセンターは手塚氏の経営するスマッパグループの事務所のあるビルの一階にあることを示しています。もともと一階には、イヴェント・カフェスペース「Ｊｉｍｕｓｈｏｎｏ１ｋａｉ」があり、それに併設される形で「歌舞伎町ブックセンター」はオープンしたのです。従って、スペース的には午前11時から翌朝5時まで開いていますが、ブックセンタースタッフがいるのは午後5時までで、その後はバータイムとして、チャージが付くそうです。また、ワインショップも始めたようですので、ブックカフェ的な使い方をするのがよろしいかと思います。

ところで、ブックセンターを作った理由は、後続の手塚さんへのインタヴューにもある通り、何よりもまず「ホスト」に本を読む習慣、さらには「教養」を身につけてもらいたいということであり、また、ホストクラブの客とは違うブックセンターに集う一般の方たちと触れ合うことで「社会通念」を養って欲しいから。しかし、翻ってみれば、ホストクラブに行く、さらには歌舞伎町に足を踏み入れる勇気のなかった人たちが、「本屋」へ出かける感覚でブックセンターに足を運べば、そこで「ホスト」とも遭遇するでしょうし、目的地へたどり着くまで歌舞伎町を散策することになるでしょう。こうして、「歌舞伎町ブックセンター」は「文化基地」的役割を果たす「場」として機能することになるのです。

実際、ブックセンターにおける「ホスト」との交流という観点を意識した企画として、ホストが書店員として接客するというシステムが取り入れられています。さすがに常時とはいきませんが、SNSで予定が告知されています。ここで期待したいのは、メディアが作り出す「ホスト」のイメージにある種の偏向があることに気づき、それを修正していく機会が得られるようになることです。ホストクラブに出かけずとも、「ホスト」に接する機会を得ることが出来る。しかも、ブックセンターで「ホスト」とかわされる会話は、ホストクラブでの営業トークとも異なった「言説空間」を作り出すのであり、それらは「ネオホス」以降のファッションを中心とした「ホスト」文化圏から一般への文化的「発信」、あるいは双方の「交流」にとって欠かせないものとなるのではないでしょうか。何故なら、ホストとは無縁のカルチャー一般と歌舞伎町独自の文化が交流するには、両者を橋渡しする、即ちコミュニケーションを可能にする「言語」が不可欠だからです。

また、歌舞伎町の独自性を保ちつつ、カルチャー一般へのアプローチを可能にする象徴的タームが「愛」であり、「歌舞伎町ブックセンター」はまさに「愛」をテーマにした本だけを扱う「専門書店」として立ち上げられたのです。「書店」といえば、日本では紀伊國屋やジュンク堂といった大規模な「総合書店」を思い浮かべますが、筆者が海外研究を行なったパリでは「書店」といえば「専門書店」のことを指すのです。確かにパリにも「フナック」という大型店舗チェーンがあります。しかし、「フナック」は本だけではなく、CDやパソコンなどのメディア機器も大々的に扱っていて「総合書店」とは言い難い。パリで「書店」とは、例えば、料理本であれば2区の「リブレリー・グルマンド」、映画関係であれば、9区パッサージュ・ジョフロア内の「シネドク」といったように。さらに、筆者の専門域で言えば、フェミニズムは6区の「女性書店」、ゲイ関係は4区マレにある「レ・モ・ア・ラ・ブーシュ」と極めて細分化されています。そして、「女性書店」で「精神分析」の本は何処に行けばよいかと尋ねると、店員がいくつかその「専門書店」のアドレスを教えてくれる。「レ・モ・ア・ラ・ブーシュ」は日本でいう「新宿2丁目」にあたるマレ地区にあるのですが、学術研究書などゲイに関するあらゆる書物を揃えた「書店」なのです。「歌舞伎町ブックセンター」も家族愛や地球愛など切り口は様々な「愛」に関する本のセレクトショップとして、ヨーロッパの「書店」の伝統に連なる「文化的発信地」となり得るのではないかと筆者は考えます。

さらに、元来イヴェントスペースとしての機能を備えた空間として、「歌舞伎町ブックセンター」ならではのイヴェントを通して、カルチャー一般への「発信」を続けていくことが可能でしょう。例えば、ジャニーズのNEWSのメンバーで作家としても活躍していている加藤シゲアキ氏が書いた小説『チュベローズで待ってる』の出版記念イヴェントとして、加藤氏、芥川賞作家の羽田圭介氏、そして手塚さんによるトークショー。また、最近では、作家石井公太氏と歌舞伎町ホストによる真剣トーク「歌舞伎町で『傷』をもって働くということ」（２０１８年2月16日）といった企画が挙げられます。

こうしたイヴェントはいわば「ハレ」であり、加藤氏見たさに「歌舞伎町」へと足を運んだ方もいらっしゃったでしょう。しかし、それをきっかけに「歌舞伎町ブックセンター」へと再び立ち寄る機会が生まれればそれに越したことはありません。一方で、「ケ」、日常使いの「歌舞伎町ブックセンター」の魅力（例えば、美味しいハンバーガー、ワインといった）も忘れてはならないでしょう。「ハレ」と「ケ」が揃って、初めて「文化」は機能するのですから。「歌舞伎町ブックセンター」はあなたにとって、どのような「空間」、「場」になるのか、筆者は興味津々です。「居心地の良い」空間、それとも、「何か今まで体験したことのない出来事に遭遇しそうな不安と期待に心揺れ動く」場。いずれにせよ、「イケメンホスト」の「今とこれから」を知るには目を離すことの出来ない「場所」であることに違いありません。そして、この場を生かすも殺すもあなた次第である、ということも。

インタヴュー　手塚マキ（Smappa! Group会長）

　手塚マキさんは「歌舞伎町ブックセンター」のオーナーであるのと同時に、長年にわたり、「夜鳥の界」など歌舞伎町でのイヴェント仕掛人として活躍されています。また、ご自身もかつてホストとして一世を風靡。その後、多角的な経営者として才能を発揮され、その意味では「ホスト文化人」といえば手塚さんの名が真っ先に思い浮かぶといって過言ではありません。今回は満を持して開業された「歌舞伎町ブックセンター」の意義を

通して、「ホスト」をめぐる文化圏のこれからについての展望を伺いました。

――「歌舞伎町ブックセンター」を作られた理由をお教え願えますか。

手塚　まず、念頭にあったのはホストに書物を通してもっと「知識」や「教養」を身につけて欲しいと思ったからです。「ネオホス」以降、「ホスト」は普通の子でもなれるアイドルのような存在になってきました。しかし、「ホスト」は接客業です。お客様とお話するのに知識や教養がなければ、「ホスト」として成功するはずがありません。しかも、お客様の層は多種多様になっています。SNSが発達したからといって、ちょっと検索したくらいの付け焼刃的な話で誤魔化そうとしてもボロが出てしまうのは火を見るより明らかです。本を読むことで「知識」は一夜にしてならず、身につくとはどういうことかを知ってほしいと思いました。それはまた、「ホスト」という「仕事」がバイト感覚で始められるようになったとしても、成果を上げるには「積み重ね」が必要であることを身をもって知ることとパラレルだと思うのです。

また、歌舞伎町にいると浮世離れした「歌舞伎町言語」のようなものに慣れてしまい、社会一般との齟齬というか、ある種の乖離を起こすことになりかねません。そこで、「歌舞伎町ブックセンター」が「俗世」と「浮世」の境界のような「場」として、「ホスト」がブックセンターを訪れるお客様との関わりの中で、社会通念を学んでいければ良いと思った次第です。

——「場」という言葉が出てまいりましたが、「歌舞伎町ブックセンター」は「場」として、どのような機能や意味を持つとお考えでしょうか。

手塚 先ほどは「ホスト」が「学ぶ」、「知識」を得る「場」とお話ししましたが、他方、お客様にはブックセンターを訪れることで、「歌舞伎町」には「ホスト」をはじめ様々な人々が生き、そこにはそれぞれ独自の生き方があること、そのサンプル的なものをブックセンターで体験していただければと思っています。

また、「歌舞伎町」という「街」のメルクマール的存在として、「歌舞伎町」で生きている皆さんの「集会所」のような「場」になれればと思っています。「地元意識」とでも言いましょうか、この街に育てられ、ここで成長し、成功したことに対する「感謝」の気持ちを忘れないようにしたいと思うのです。「歌舞伎町」「愛」とでも申せましょうか。「夜鳥の界」などを始めたのもそうした思いからですし、そうした活動を続けていくことで、実際、地元の祭りの神輿を担がせてもらえるようになったのです。

こうして、「歌舞伎町」という街の人々みんなで「知恵」を出し合って何か新しいものを街の「外へ」と発信していければいいな、と。その発信「基地」の一つとして「歌舞伎町ブックセンター」が活用されることを願っています。というのも、その閉鎖的傾向から、どうしてもカルチャー一般に対して「歌舞伎町」には今まで「後追い感」があり、それを払拭したいと思うからです。

――「愛」といえば、「歌舞伎町ブックセンター」のコンセプトとして「愛」をテーマにした書物を専門に扱う書店とありますが、その場合の「愛」について手塚さんのお考えをお聞かせ願えますでしょうか。

手塚　「ホスト」は恋愛の「プロフェッショナル」だとよく言われます。確かに、女性を相手に「指名」を受けるべくあの手この手と接客術を繰り広げる毎日。しかし、それは多くの場合、その場その場で「感覚的」に対応していることが多いのです。先ほどの「知識」同様、「恋愛」も書物から学ぶことで、恋愛を「理性的」に眺めることができるのではないでしょうか。それは「心の機微」といったものを大切にすることだ、と自分も本を読むことで確信した次第です。

また、ホストクラブで毎夜繰り広げられる色恋沙汰は通常の恋愛とは少々事情が異なっています。それは「刹那的」、「一方的な」ものと言うことが出来るでしょう。従って、正確を期せば、恋愛ではなく、「疑似恋愛」というのが正しいのかもしれません。しかし、それは単なる「ごっこ」的なものではなく、ホストもお客様も、双方が互いの「気持ちをもらう」ことが大切だと自分は考えます。そして、その「もらい方」、つまり、互いの「距離感」をどう取るのかが実はとても難しい。例えば、医師が死にどう向き合うかを考えたとき、いちいちその度ごとに死者のあるいは遺族の思いに応えようとしていたら、次から次へと助けを求めて目の前に現われる患者を診療する余裕はなくなるでしょう。しかし、だからといって死に対する畏怖もなく、機械的に次々と患者を診ればよいというわけでもありません。患者の尊厳とその家族への共感を尊重しつつ、冷静に対処することを忘れてはならない。

　では、ホストと客の微妙な距離感を維持するにはどうしたらよいのでしょう。確かに、経験を積むことが大事であることは間違いありません。しかし、いくら経験を重ねても思慮分別なくそこから何も学ばなければ進歩などあり得ないでしょう。そのためにも、「ものを考える」習慣を養う必要があるのです。

――そのような学びの「場」、発信の「場」としての「歌舞伎町ブックセンター」が象徴する「ホスト文化」とはどのようなものとお考えでしょうか。

手塚　自分は「夜鳥の界」、そしてこの「歌舞伎町ブックセンター」など文化とは「仕掛けていく」ものだと認識していました。しかし、関さんのお話を伺っていて気づいたのです。自分では気づいていなくとも「ホスト」をめぐる環境が「文化的」に貢献している、つまり「発信している」こともあるのだ、ということを。例えば、「イケメン女子」に関して。自分は「イケメン女子」がホストをしているホストクラブのオーナーを知っているのですが、その人物は「LGBT」といったセクシュアリティに精通しているようにはまったく思われませんし、関心もないと思います。要は「ホスト」としてたくさん稼いでくれれば、それでよいと考えている方だ、と。しかし、結果的にみれば、「イケメン女子」が生きやすい環境を作っているのは歌舞伎町の方だ、と言えるでしょう。というのも、一般社会のように、いちいち性的に「性同一性障害者」なのか「女性同性愛者」なのか「何者なのか」決定されることなく、ただ「イケメン女子」としてカッコ良く生きていけばよいのですから。

そう思うと、「ホスト」をめぐる文化圏というのは、自分のように「意識的に仕掛けて行く」ことによって実現していく側面と「意識せず」に文化一般に影響を与えているあるいは与える可能性がある側面があることになります。その「意識していない」けれども影響を与え得るものを「意識化し」、プロジェクトに組み込んでいったら、さらに幅が出てくるでしょうし、多くの方の関心も呼ぶようになるでしょう。そうした「意識化」の「場」として、「歌舞伎町ブックセンター」が活用されるよう考えていきたいと思います。

――最後に、「仕掛け人」として手塚さんご自身が、これからどのように「ホスト」文化圏と関わられて行こうとお考えなのか、お聞かせ願えますでしょうか。

手塚

関さんが今回インタヴューされるほかのホストの方たちは、育てる側であるのと同時に自分もまたプレイヤーとして現役で活躍されています。ですので、彼らにはそれぞれ主張があり、現状に対しての批判等、様々な意見が実際SNS等で発信されています。それに対して、自分は元ホストの経営者の一つのサンプルとして皆さんに考えていただければと思いますし、彼らよりどうしても「業界全体」の今後を考えざるを得ません。というのも、「ネオホス」といった物言いからもわかりますように、業界は常に動いているからです。そこで、自分の使命は様々な意見を一方通行、言い放しにしてしまうのではなく、集約し、よりよきものへと統合していく役回りだと思っています。また、実際、意見を戦わせ、ディスカッションできる「場」をセッティングすることも必要でしょう。「歌舞伎町ブックセンター」はその一つの試みと捉えていただければ嬉しいです。

そうした先にあるもの、それは自分も含め、彼らが年を取り、結婚し、子供ができたときに、「自分のお父さんはホストだったんだよ」と胸を張って言えるようになることです。つまり、「ホスト」が「人に誇れる」仕事、「職業」として認知されるよう、これからも努力していきたいと思いますし、彼ら現役ホストたちの活躍も含め、全体は良い方向へ動いていると考えています。

コメント

手塚さんにまずお目にかかり、良い感触がなければ執筆は断念しようと考えていました。ですので、インタヴュー全体は本の構想など多岐にわたり、時間も他の方々の倍の長さに及びました。長丁場だったのですが、多忙な中、手塚さんは根気よくお付き合いくださり適切なアドヴァイスをして下さいました。ここに掲載するのは「歌舞伎町ブックセンター」に関する発言に限定させていただきました。手塚さんから伺ったことが、時に名前を挙げさせていただきつつ、本の各所に反映されていることを記しておきたいと思います。手塚さんが背中を押して下さったので、筆を執ることが出来ました。さすが「仕掛け人」と感謝！

おわりに　文化の担い手としてのホスト

第1部、第2部と読んでこられて、「ホスト」をめぐる文化的状況の現在に至る過程とその配置についてご理解いただけたと思います。簡単に要約すれば、まず、「ホスト」が「イケメン」ホストとして、ホスト業界話だけではなく、広く「イケメン」という文化現象の一端を担うものとして登場するのは、『メンズナックル』が創刊され（2004年）、月刊化された（2006年）、2005年前後と言えましょう。ホストは「モデル」として誌面を飾ったのです。『メンズナックル』はファッション誌であり、若者ファッションの一ジャンル（渋谷・原宿系）をリードして来ました。モデルが「ホスト」であることが一般に認知されるに従い、「ホストファッション」としても語られるようになり、一般向けのコーデとともに、ホスト独自のスタイル（筋盛りした髪にドレススーツなど）も定着していったのです。

そうした一目見て「ホスト」とわかる服装は、再び「ホスト」を特殊な人々として区別＝差別化することになります。しかし、それはあくまでファッション一般の問題として「イケていない」という認識において克服されるべき　ケメンホスト」はファッションもカジュアルでお洒落。また、他方、「ホスト」をサーヴィス業としてホテルマンやソムリエと同等のジャンルにまで押し上げることでそのダーティーなイメージを払拭しようという「バトラー」がそのファッションと共に『ワイプラス』で提案されたのです。この対照的なジャンル分けは「バトラー」が「ヨルビズ」としてカジュアルな方向に、「ネオホス」は「裏宿系」としてより大人の色気を感じさせるものにと、互いが展開しつつ、歩み寄っているように思われます。

また、『メンズナックル』は「ブラッカー」と呼ばれる「黒」をベースにしたファッションを展開していますが、ヴィジュアル系・コスプレ系ファッションへの傾向の強い「モノクローマー」というジャンルを別に立て、多様化を図っています。そして、『ワイプラス』の「裏宿系」は「黒」がベースと、ファッション的に『メンズナックル』と近いコーデが展開されているのが興味を引きます。

こうした大きな流れの中で、性的マイノリティと関連のある「イケメン女子」、マスカルチャーの言説空間では公然と語られることのない「整形男子」といった事柄も「イケメン」である限りにおいて、「ホスト雑誌」では語られているのです。

つまり、「ホスト」が「イケメンホスト」として語られることで、カルチャー一般の問題圏として「ホスト」をめぐる「言説」が取り沙汰されることは可能になる。そして今、「ネオホス」以降の展開は新たな局面を迎えようとしているのではないでしょうか。その象徴的出来事が「歌舞伎町ブックセンター」の開設であり、まさに「歌舞伎町ブックセンター」は発信の「場」、交流の「場」として、「ホスト」を広く文化一般の文脈の中に置く中継地点としてその機能を開始し始めたのです。

もちろん、「歌舞伎町ブックセンター」はあくまで「象徴」として存在するのであり、実際は、櫻遊志さんのように、ハイファッションとの連携や「サマースタイルアワード」といった広く一般の参加するイヴェントへの出場などホスト業界に留まらない活動の場の開拓、社美緒さんのようなSNSを駆使した「インフルエンサー」としての活躍、MUSASHIさんのようにソムリエ資格を取得して仕事に生かす術、葵未来さんの語る「ホストはあくまで一事業部門」といった未来像、これらすべては「ホスト」が文化一般の中にその「場所」を占めていくことを意味しているのではないでしょうか。

もちろん、それは「ホスト」が記号として消費されていくことをも意味します。ただし、フランスの精神分析家ジャック・ラカンの言うように、イメージや記号が作動するにはそのエネルギーともいえる「現実的なもの＝リアルなもの」が前提とされているのです。それは、「ネオホス」、「バトラー」、「モノクローマー」といった分類に抵抗するもの、あるいは分類できないものに垣間見ることができるでしょう。そして、それは消費され尽くせないものでもあるのです。それらは次に掲載される獅龍仁さんのインタヴューに窺えると筆者は考えます。「今を精一杯生きる」ことが自分には「ホスト」であることでもある。多くの人に影響を与えるのも大事だが、隣にいる人を幸せにすること。本当に共感しあえる人が一人でもいるよう努力すること。

それはまだ始まったばかりなのだと筆者は考えます。「歌舞伎町ブックセンター」を拠点として、様々な人たちが交流する。互いに刺激しあいながら、自分も変わり、他者も変わっていく。しかし、いやだからこそ、それは常にかけがえのない「私」であり続ける。そして、それはまた、「ホスト」が「イケメンホスト」の言説空間として進化＝深化し続けることに他ならないのです。

筆者はホスト雑誌の愛読者ですが、歌舞伎町には滅多に足を運びません。しかし、歌舞伎町に一か所だけとても気に入った空間があるのです。それは歌舞伎町のはずれにあるホテルの最上階の一室。大きなトップライトのある一面が窓になっている部屋からは西新宿が大きく見渡せます。そして、下を見ればそこは歌舞伎町。夜のネオンの賑わいと人通りのない朝の静けさ。遠景の美しさと階下の雑然とした人々の蠢き。ただ美しいだけではなく、様々な人生模様が繰り広げられているに違いないある種の猥雑さもまた同時に感じられる場所。筆者はこれから、あの部屋だけでなく、「歌舞伎町ブックセンター」にも足を運ぶ機会が増えることでしょう。この本を手に取られた皆さんが各々ご自分の流儀で、「記号」としてのホストを楽しんでいただければ本望と思い、ここに筆を置くことにしたいと思います。

２０１８年２月

関　修

インタヴュー

獅龍　仁（Ｄｒｏｐ代表取締役）

ホスト雑誌ウォッチャーの筆者が今一番気になるホスト、それが獅龍仁さんです。『ホストマガジン』、『ワイプラス』などに登場されるものの、どのカテゴリーにも属さない独特な存在感が見る者を圧倒します。ファッションも含め、カッコ良さがごく自然と滲み出ている。「ネオホス」の流れの中にいるようでいない。まさに「謎」の部分に魅了されたのでした。そんな獅龍さんに、現在のホストムーブメントにおけるご自身の立ち位置につい

てお話いただきました。

――端的に伺いますが、獅龍さんは現在メディアに出られている「ホスト」の中でご自身をどのようなポジションにいるとお考えですか。

獅龍 まず、自分はこれこれのホストになろうと思って行動しているわけではありません。自分の生き様の結果が「ホスト」だったとでも申しましょうか。ですから、「ネオホス」と言われても自分とは関係ないなあ、と。いつの時代になっても、「ホスト」の本質は変わらないと思います。SNSがいくら発達したところで、「ホスト」という職業にはダーティーさが付きものです。それが「水商売」というものではないでしょうか。ですから、表面だけカジュアルさを装ったところで誤解を与えるだけではないか、と。だからこそ、「ホスト」である前に「人」として恥ずかしくない必要があります。例えば、いまだに「歩きタバコ」をする「ホスト」がいます。自分はホスト「風」だと思っていますが（笑）。もちろん、自分の店の者にそうはさせませんが、他店のホストでも自分は注意します。ですから、「強い、怖い、真っすぐ」なんて言われてます。世間体を気にせず、堂々と「ホスト」として一日一日を精一杯生きているかが大切だと思うのです。

そうした意味でも、自分が歌舞伎町の住人という意識はありません。今、歌舞伎町でこれがトレンドだから自分も取り入れないと、といった考えはありません。雑誌に出るときも自分の着たいものしか着ません。人の目線が気にならないというか、流行りの服であれば誰が着ても良いわけですし、自分は替えがきかない存在だと思っていますので。ですから、自分をどう見せるかということも気にしたことがありません。

――では、獅龍さんにとって、「ホスト」とはどのような存在なのですか。

自分に関わる人が少しでも幸せになる「きっかけ」を与えてあげられるような存在とでも言いましょうか。ですから、アイドルのような遠い存在に自分はなりたくありません。いつも、お客様はもとより、誰に対しても身近な存在でありたいと。例えば、自分のブログは多くの方に自分の存在を知ってもらいたいというより、自分の考えに共感して下さる方が一人でもいらして、その方が頑張って生きていけるというか、一緒に頑張ろうというか、そんな気持ちになっていただければと思って発信しています。有名になりたいと思ったことがないのです。

また、そうした人との距離が近い職業である限り、感情の動きが激しい、喜怒哀楽の振り幅が大きいと思います。女の子に言われた一言でものすごく傷ついたり、指名や売り上げは競争ですから、悔しい、負けたくないといった気持ちでいつも一杯だったり、と。おそらく、そのような職業は万人向けではないのです。ですから、やりがいもある。例えば、自分はピンチが好きなんです。何苦境であることは事実である以上、無いことにではできません。ですから、何とか回避したり、誤魔化したりするのではなく、笑ってそれを引き受ける、頑張って乗り越えるしかないんです。しかし、それは間違いなく成長に繋がります。

――今までのお話を伺っていますと、「ホスト」を通して獅龍さんの人間観が伝わってくるのですが、ご自身の生き方というか、ポリシーのようなものをお聞かせいただけますか。

獅龍

自分は現在、育てる側にいますが、プレイヤーとして6年半ほど活動していた時は、「一番以外を目指したことがありません」。男子である以上、負けてはいけない。実際、負けていても負けを認めたら、それこそが負けである、と。というのも、人は「今」を精一杯生きるしかないと思うのです。明日はもしかするといなくなっているかもしれないのですから。例えば、事故にあって亡くなった方は、そう思って生きて来たわけではないでしょう。それは突然、思いがけずやって来た。また、自分の人生は誰の代わりにもなれませんし、誰も替わってくれません。ですから、今を、この一日を大切に、出来ることを最大限頑張って実行する必要があります。そして、自分はこれまでやろうと思ったことはすべて実現させてきたと自負しています。

そこで、店の子たちにも言うのですが、何でも「100パーセントで取り組め」、と。仕事だけではありません。遊ぶなら、100パーセントで遊ぶ。アフターをするなら、100パーセントでお付き合いする。精一杯出来なければ、しないことです。中途半端が一番いけない。確かに、「否」と言えば、ギクシャクすることもあるし、離れていく人間は離れていくでしょう。しかし、うやむやにしてしまえば、結局誰も残らないか、うわべだけの関係に終始するだけです。先ほどのブログの話ではありませんが、自分は一人でも親身に付き合える人間がいれば充分か、と。そして、その輪を一人ずつ広げていければもっと良い。例えば、自分のグループの代表〔クレイジーグループ、雫さん〕は押しの強いタイプではありません。代表がご自身一人では出来ないことなので、自分に「一緒にやってくれないか、必要なのだ」と言って下さったとき、自分を必要としてくれる人がいる、この人となら一緒に出来る、やりたい、と思ったのです。

――自分らしく在るためには、他者が必要ということですね。

獅龍

　その通りです。人と人との繋がりは何物にも代えがたいと思います。人は地位や名誉、お金の有無でその価値が決まるわけではありません。相手を「リスペクトできるか」にかかっていると思います。自分は下の者であれ、自分が必要と思えば、教えを乞うことがあります。それは相手がリスペクトに値するからに他なりません。一方、例えば、歌舞伎町の有力者であれ、自分がリスペクトしていない人には頭を下げる必要はないか、と。心にもないお世辞やへりくだった態度は、かえって相手に失礼ではないか、と思うのです。自分の感情を偽って行動するのはいけません。とりわけ、相手がいる場合、その人への正直な思いを行動に移すべきです。そうでないと、結局、人と人との絆を作っていくことは出来ないと思うのです。そして、その絆を大切にし、一人ずつ仲間が増え、みんなが少しでも幸せになればよい、と。ですから、例えば、ここに百万円あれば、自分の欲しいものを買うより、みんなでそれを有効に使って楽しんだ方がどれほどよいか、と思うのです。

――では、最後にこれからのご自身について、どうお考えですか。

獅龍 今までお話ししたことから察せられると思うのですが、何年後にこうなっていたいとかといったヴィションのようなものは自分にはまったくありません。プレイヤーだった頃から、その日を精一杯生き抜くことの毎日だけです。しかし、その日のタスクは必ずやり遂げてきましたから、確実に日々成長している。ですから、死ぬまで成長し続けるでしょう。あえて、この業界の中で自分を位置づければ、「メジャーではなくコア」、「光より影」か、と。あと、いつか来るであろう〔獅龍仁という〕源氏名を降ろすとき、本名に恥じない源氏名であったと言えるように日々生きたいと思います。獅龍仁というのは、本人と違ったホストとしての「顔」ではなく、本人そのものでもあるのですから。初めに戻ることになりますが、結局、これが「ホスト」と自分の関係なのです。

コメント

雑誌に目を通していく中で、登場するたびに独特のオーラを感じさせる獅龍さんにどうしてもお目にかかってお話を伺いたいという筆者の期待以上に、実物の獅龍さんは素敵な方だったというのが率直な感想です。「感情で生きているので、言葉にするのは難しいですね」とおっしゃいながら、紡ぎ出されてくる言葉は筆者の専門の哲学でいうところの「実存主義」の考え方を地で行くような説得力のあるものでした。例えば、ピンチを笑いながら引き受けるといった件はニーチェの「運命愛」に通底するものがあります。まさに、「男気」の人。きっと魅了されること間違いないと確信した次第です。

関修（せきおさむ）
1961年東京生まれ。現在、明治大学非常勤講師。（社）リーファーワイン協会理事。専門はフランス現代思想、文化論。著者に『美男論序説』（夏目書房）『隣の嵐くん』『「嵐」的、あまりに「嵐」的な』『SMAPとは何か？』（サイゾー）他、編著に『挑発するセクシュアリティ』（新泉社）他多数

イケメンホストを読み解く6つのキーワード

2018年4月25日初版第1刷発行

編著者―関修
発行者―松岡利康
発行所―株式会社鹿砦社（ろくさいしゃ）
●本社／関西編集室
兵庫県西宮市甲子園八番町2-1 ヨシダビル301号 〒663-8178
Tel. 0798-49-5302 Fax. 0798-49-5309
●東京編集室／営業部
東京都千代田区神田三崎町3-3-3 太陽ビル701号 〒101-0061
Tel. 03-3238-7530 Fax. 03-6231-5566
URL http://www.rokusaisha.com/
E-mail 営業部○ sales@rokusaisha.com
編集部○ editorial@rokusaisha.com

装　幀　鹿砦社デザイン室
印刷所　吉原印刷株式会社
製本所　鶴亀製本株式会社

Printed in Japan ISBN978-4-8463-1238-1 C0095
落丁、乱丁はお取り替えいたします。お手数ですが、弊社までご連絡ください。